U0120587

常书鸿全集

敦煌莫高窟艺术

学术顾问　饶宗颐　樊锦诗　柴剑虹

主　　编　常沙娜

执行主编　陈志明

常书鸿　著

CNS 湖南文艺出版社

图书在版编目（CIP）数据

敦煌莫高窟艺术 / 常书鸿著 .—长沙 : 湖南文艺出版社，2022.6 (2023.9重印)
（常书鸿全集 / 常沙娜主编）
ISBN 978-7-5726-0029-6

Ⅰ . ①敦… Ⅱ . ①常… Ⅲ . ①敦煌石窟—研究 Ⅳ . ① K879.214

中国版本图书馆 CIP 数据核字（2021）第 012456 号

敦煌莫高窟艺术
DUNHUANG MOGAOKU YISHU

作　　者：常书鸿
主　　编：常沙娜
执行主编：陈志明
出 版 人：陈新文
监　　制：曾昭来　谭菁菁
策　　划：吕苗莉
统　　筹：李 涓
责任编辑：吕苗莉　李 涓　谢朗宁
校对统筹：黄 晓
校　　对：艾 宁
书籍设计：萧睿子
排　　版：百愚文化
印制总监：李 阔

出　　版：湖南文艺出版社
　　　　　（湖南省长沙市东二环一段 508 号 邮编：410014）
网　　址：www.hnwy.net
印　　刷：湖南省众鑫印务有限公司
经　　销：新华书店
开　　本：880 mm × 1230 mm　1/32
字　　数：140 千字
印　　张：6.25
版　　次：2022 年 6 月第 1 版
印　　次：2023 年 9 月第 6 次印刷
书　　号：ISBN 978-7-5726-0029-6
定　　价：84.00 元

百折不悔敦煌魂（代序）

常沙娜

我的父亲，著名画家常书鸿带着他那对敦煌艺术事业无限的希望和未竟的遗憾，走完了他那充满拼搏的人生征途。但他的一生与我的成长道路却是如此地紧密相连，他一生中的坎坷成败与悲欢离合，他那锲而不舍的无私献身精神，时时都在滋养着我的心灵，深深地影响着我的人生观和艺术经历。

一

父亲经常说，自从他在巴黎塞纳河畔的书摊上见到伯希和的《敦煌石窟图录》，他后来的命运，也包括我们全家的生活，都与敦煌紧紧地相连，并结下了不解之缘。半个世纪以来，父亲乃至我们全家虽然先后在敦煌都经历了人间的悲欢离合，但情和魂却永系敦煌！父亲给我留下的最深刻的印象，就是不论遇到何种困难险阻，只要是他认定了的，他总是带着自信和不屈服于命运的那股犟劲（他自称是"杭铁头"），坚持着他对信仰的执着追求，并用这种精神锤炼着我，教育着我。自从我母亲不幸出走，为了敦煌的艺术事业，为了支撑这个家，照料年幼的弟弟，父亲在痛苦中毅然决定让我从酒泉的河西中学退学回千佛洞，并亲自为我安排了周密的文化学习计划，我一面承担家庭的生活重担，一面随他学习临摹壁画。他规定我每天必须早起，先练字（以唐人经书为字帖），后学法语（练习朗读法语一个小时）。他请董希文先生帮我辅导语文和西洋美术史，还请苏莹辉先生辅导我中国美术史。此外，他更要求我与大人一样每天上班去洞窟临摹壁画，并严格要求我从客观临摹着手（当时分为客观临摹、复原临摹、整理临摹），由表及里，顺着壁画原来的敷色层次来画，自北魏、西魏、隋、唐、五代、宋等朝代的代表洞的重点壁画全面临摹一遍。在临摹唐代壁画时，先让我向邵芳老师学习工笔重彩人物画法，由此给我打下了造型基础。父亲在每个环节上都必然耐心地指点，要求一丝不苟，从来不因为我年纪尚小可以比大人少画或随意些，相反，都以大人的标准和数量来要求我。每逢傍晚他也让我参加大人的行列，学会自制土黄、土红、锌白等颜料，还用矾纸、桐油油纸，以代替拷贝纸。这一切都引起了我极大的兴趣。通过对表面的客观临摹，他要求我逐渐把对壁画的时代风格、内容与形式、汉代传统与西域影响的特征的认识，从感性提高到理性。通过他的指点和董希文、潘絜兹等老师的示范，我很快就能得心应手地掌握各个不同时代不同风格的壁画的摹写。我在临摹的后期，尤对北魏、西魏、隋代的壁画产生了特殊的偏爱，很喜欢这个时期的伎乐人和力士。那些浑厚粗犷的笔触，加上"小字脸"的勾点，把神态和表情表现得具有洒脱的情趣和装饰性。父亲曾向我分析说："这与20世纪前半期法国画家鲁奥注重线条表现力的粗犷画风很有相似之处。"他借此向我介绍了欧洲各类画派的形成和特色。

二

后来，我又在沈福文先生以及来自成都国立艺专的沈先生的学生黄文馥、欧阳琳、薛德嘉的影响下，对敦煌的历代装饰图案如藻井、佛光、边饰等进行了专题的临摹。由于父亲鼓励我多方面接触和体会，从而了解整体的时代风格，由此掌握绘画的技法，在他亲自教导及其他老师的示范帮助下，我置身在敦煌这座艺术宫殿里，任我在浩瀚的传统艺术海洋中尽情地遨游。

敦煌的冬季漫长而寒冷，滴水成冰，洞窟内无法作画，父亲就利用这个临摹的淡季，组织大家在室内围着火炉画素描、速写，请来的模特儿都是当地憨厚纯朴的老乡，我也跟着大人一起学习画素描。他还利用冬季深入少数民族如哈萨克族牧民生活区体验生活，住蒙古包，骑马，吃手抓羊肉，他也利用这种机会画了一批生动有意义的速写。生活虽然艰苦，但非常充实，让我受益匪浅，许许多多的事情我至今难忘！

除了临摹画画、学习以外，我还要照顾年幼的弟弟和父亲的生活，这也迫使我获得了较强的生活能力。父亲就是这样因势利导地教育和培养着我。凡是他要求我去做的我都能愉快主动地完成，唯有早起练唐人经书体没有坚持，至今深感遗憾！

父亲那种锲而不舍的精神，使他在敦煌事业中突破一个又一个的困难。他善于将不利因素转化为有利的条件，他一方面承担着维持当时敦煌研究所的日常行政工作，一方面为争取保护敦煌石窟最基本的条件而开展对敦煌艺术的临摹研究工作，生活上还要培育未成年的子女。在西北沙漠荒山中，经济的困窘、自然环境的威胁等这一切对多年留学法国的画家、知识分子的父亲来说是难以想象的。但是父亲凭借他坚韧不拔的毅力，迎着困难一关又一关地顶了过来。他恰似当地的红柳，把根扎得很深，透过层层的沙石戈壁吸吮着有限的水分，凭着那细密的叶子，不论是严寒还是酷暑，都能转危为安，巍然挺立。

三

父亲既善于克服困难，又非常热爱生活，在困顿中寻找生活的乐趣。1946年夏，他从重庆新聘一批艺专毕业的大学生，购置了图书、绘画器材及生活必需用品，乘着新得到的美式十轮卡车，并带着我和弟弟重返敦煌。由重庆出发途经成都北上，经川北绵阳、剑阁、广元后进入甘南的天水直到兰州，经历一个多月的时间，行程1500多公里，长途跋涉，异常艰难。就在这样的条件下父亲居然提出要从重庆带上一对活鸭和一对活鹅，装在竹筐内并固定在卡车的前面，由我负责沿途喂食，同时还要照顾弟弟。很多朋友和老乡看到带着鸭鹅的卡车都觉得很奇怪，父亲却风趣地说："也让它们移居敦煌，让敦煌的老乡看看除了鸡以外还有鸭和鹅哩！"这两对鸭、鹅陪伴着我们经过千辛万苦终于到达千佛洞，并在此定居下来。来年春天即开始下蛋，繁衍生息。四月初八千佛洞正值浴佛节的庙会，热闹非凡，老乡看到已破壳而出的小鸭子，都稀奇地问道："这小鸡子咋会长出扁扁嘴？"从此，千佛洞和敦煌县就开始有了鸭群。父亲还从四川带回各种花籽播撒在千佛洞的生活区，开得最茂盛的要算是波斯菊，上寺、中寺的院内从此就盛开着红、粉、白、紫的潇洒秀丽的波斯菊，映着橙黄色的向日葵，衬托着蔚蓝的天空，把这些荒沙戈壁中的院落点缀得格外灿烂，这景色曾给我留下极深的印象。父亲爱惜着千佛洞的一草一木，自从40年代他定居敦煌后，就给千佛洞立下了规矩，每年都必须种植树木，要把树林带逐年向北延伸扩展。经过40多年的努力，新树林带已延伸到下寺一公里以外，这对改造荒沙戈壁的自然环境来说是件百年大计之举。凡在千佛洞待过的人都知道"常书鸿视树木如生命"。正因为如此，在"文革"那个年代，"造反派"批斗他时，竟然采用了高呼一次"打倒常书鸿"便砍倒一棵树给他看的手段，以此来达到更深地刺伤他老人家的目的。

四

父亲的一生是勤奋不息的一生，在我的记忆中他从来没有图过清闲安逸，而总是把自己的工作日程排得满满的。直到年老体弱、脑力不济，他才放慢了生活的节奏，但在他精神稍好时，仍在家中或病房中坚持画静物或写字，偶尔还书写格言。他多次教导儿孙们："业精于勤，荒于嬉。"而他对于敦煌艺术事业的热爱与追求，正是他始终念念不忘、奋斗不懈的精神动力！

"不入虎穴，焉得虎子"及"萨埵那太子舍身饲虎"的精神，始终激励着他，成了他工作不息的鞭策。父亲不是单纯从事创作的画家，而是有渊博学识的学者，他把中西文化与绘画史的学识，融汇在他从事了近半个世纪的敦煌艺术的研究与保护工作中。他既能高瞻远瞩，又能从最基础的工作着手，竭尽全力从残垣断壁中保护这座伟大艺术宝库中的一砖一瓦；同时还以博大胸怀，团结一批忠实于敦煌艺术事业的专家学者，更以精深的学识将敦煌艺术的保护和研究事业不断向前推进。

五

父亲是浙江杭州人，并至终乡音未改，他在西北 40 多年仍操着浓重的杭州口音。当他叙述起青少年时代在家乡的情景时，总是那样地依恋：如何提着个篮儿到河边去捞鱼虾，到坟堆地里翻砖砾找油黑的老蛐蛐……对于这些回忆他都讲得绘声绘色。1982年父亲有机会重返杭州参加他的母校——浙江大学85周年的校庆活动，1983年他又专门回杭州为浙大创作了一幅大型油画《攀登珠穆朗玛峰》，在此期间他又重温了他青少年时代的旧情旧景。1988年浙江美院在杭州又举办了他的个人画展，这些活动都更增加了他对家乡人的情意。但是家乡再好，父亲仍是"魂系敦煌"，当他临近九旬时竟然提出："我已老而不死，但以后死也要死到敦煌！"当时我很不以为然地说："您胡说什么呀，人家都说您半辈子都在保护敦煌菩萨，菩萨会保佑您长寿的。"他接着说："人总是要死的，如果死在北京，骨灰还是要送回敦煌的！"没想到这一席话竟真成了他至终魂系敦煌的遗愿——他是把敦煌作为维系他生命所在的"故乡"来看待的。父亲的部分骨灰也终于如愿地送回到这令他牵肠挂肚半个世纪的千佛洞。愿他伴着九层楼叮当不息的风铃与那窟群中的飞天永远翱翔！愿他与那千百年来为敦煌艺术付出心力的无数创造者一样，与敦煌的艺术永存！

父亲有过一句全家人都知晓的名言："我不是佛教徒，不相信转世，不过，如果真的再有一次托生为人，我将还是常书鸿，我还要去完成那些尚未做完的工作！我的人生选择没有错，我没有一件让我后悔的事！"

1991年6月6日，我在父亲的房间里看到他用毛笔工工整整地写了这样一段话："人生是战斗的连接，每当一个困难被克服，另一个困难便会出现。人生就是困难的反复，但我决不后退。

我的青春不会再来，但不论有多大的困难，我一定要战斗到最后！——八十八叟常书鸿"。

父亲是这样说的，也是这样做的。这就是曾被世人赞誉的"敦煌守护神"的常书鸿对人生的真实写照！

将父亲毕生之作整理出版，是我多年来的心愿。在湖南文艺出版社的持续推动下，《常书鸿全集》即将付梓问世。欣喜之情，难以言表。此时，父亲百折不悔守敦煌的一生，令我追思无限，谨以这篇旧文代序，怀念我的父亲，纪念《常书鸿全集》出版。

写于 2021 年 12 月

目录

敦煌艺术与今后中国文化建设

文化的命脉像一支千古不断的源流，从各自本土滋长出来，穿越一切阻碍，融会贯通，曲折蜿蜒，时隐时现地奔腾前进，它由细流而小川，由小川而江河，终于变成一望无际的大海汪洋。文化当其健全生发的时候，总是像江流一般冲击汹涌、波涛滚滚；及至年湮代远，积流成海，往往沉滞静寂，无有力量。

中国（绘画）艺术 2000 余年来，画体的演变，画法的演进，六朝、隋、唐昌盛，五代、宋、元蜕变，目前已像一池止水，贫乏困顿。那时候我们需要变换，需要一个外力的波动。这种外力不是吹皱平湖的春风，而是掀波作浪的大风暴。

从来因政治或战争变乱的刺激而产生新艺术创造力量的前例颇多。唐代艺术的昌盛，是因为两晋、五胡的变乱；15世纪法国文艺的复兴，是因为法王都尔斯八世（编者按：查理八世）、路易十二、法兰西斯一世（弗朗索瓦一世）等屡次与意大利的战争；20世纪新艺术的勃发，可以说是第一次世界大战后的收获。我们并不赞扬战争，但我们明白因战争破坏而产生建设的力量。在目前，我们正当一个空前未有的为正义而进行的八年大战，已经到达胜利阶段的今日，我们可以断言，由于这场排山倒海的暴风雨，静止了几个世纪的中国文化，正在酝酿着一个新的趋势。这个新的趋势可能有两种力量：一是外来的，一是内发的。庚子以后，中国学术文化已奠定了新的基础。从这次同盟国合作的情况来看，今后国际军事、政治、经济、工业、文化的交流，将会有从未有过的繁荣。对于今后外来学术文化的影响，我们可以毫无疑问地得到不少助力。不过，文化的内容，不能没有自发的基于民族立场的主体。我们需要它，比外来的影响更是迫切，因为我们要用自己的血液来培养5000余年来绵延的祖先留给我们的文化基础。

称为文化前驱的中国艺术思潮，一向被密封在"象牙之塔"的少数文人的闲情逸趣中。本来缺少正确的观念与健全的修养，加之隋唐以后的艺术品已为专供君王赏玩的御宝，其间由于政治的变迁，艺术品遭受的损失真是不可胜计。继秦始皇焚书之后，汉武帝虽创置秘阁，广搜天下法书、名书，一到了董卓之乱就全部被损毁。梁元帝书画、典籍24万卷，在兵困城下求和乞降之前就全部焚毁。《贞观公私画史》记所存名画不过293卷。如此帝皇的宝藏，我们则无由得见。民间之收存，又由于中国人有秘藏国宝的传统陋习，书画古玩这一类应该收藏的东西，就没有在社会上展览的机会，这使我们对于中国古代艺术的认识非常浅薄。譬如顾恺之在瓦官寺作壁画，"闭户往来，月余成维摩诘一躯，启户而光耀一寺"，这种类似传奇的记载，并不能使我们把握作品的梗概。及至数年前，在伦敦博物馆中看到《女史箴图》手卷，才恍然于"春蚕吐丝"的笔法。这是幅经过无数劫运尚能为我们所见到的仅存的六朝画稿，给予我们很大的启示。这幅画使我们知道，早于欧洲文艺复兴千余年前，中国绘画已到了如此昌明精深的阶段。我们遗憾的是，除此之外没有更多的证明和实例。绘画这样的造型艺术，对于一个从事绘画的人，仅仅靠文字描述评论的文章是不够的。

因为没有实物的例证，所以中国美术史的评论是非常不易的。现有的若干书籍，总脱不了参考拼凑，在枯干无味、陈陈相因的字里行间做文章。就是从事艺术创作的人，也滞留在传说一般的美术史的阴影中，得不到前人的鼓励，"学画无异学书"地修行学"道"，迂回在方寸天地之中，真是到了"今古绝缘""数典忘祖"的地步。

敦煌石室的发现，是距今 40 余年前的事情。自从斯坦因、伯希和等盗取了经卷幡画之后，国内才争相传诵。世人知道敦煌学，是包括敦煌石室发现的手卷、孤本等有关宗教、哲学、天文、地理、历史、语言诸方面的学问。说到壁画、塑像艺术部门，大家都以为边疆荒塞所存者不像内地寺院所可见到的泥塑画匠的玩意儿，并没有打动"读万卷书，行万里路"的文人画家的心坎，所以有带着翻译、坐了大邮船"行万里路"而至外国去当场挥毫的国画名家。这个远处在嘉峪关外、瀚海彼岸的千佛洞，依然冷落寂寞，一任游人毁损偷窃。如果当年绘制壁画的画家灵魂有知，一定要大放厥词地讥讽这个年代艺术家沽名钓誉的异常心理。

张大千先生两年前来到这里，是继无数考古学者、游人之后，中国画家到千佛洞的第一人。他是中国画家中已经有地位的人，他很可拿他的地位漂洋过海做人家正在做的事情，然而他并没有这样做。因为他知道敦煌艺术并不是简单的佛家宣传画，也并不是画匠的俗套，而是真正一千数百年来中国文化的结晶。现在藏经洞秘藏虽已扫刮净尽，但400余石室中的艺术品却真正是国家的至宝呢。

前年（中华民国国民政府）教育部艺文考察团王子云先生等莅至，虽仅短短几个月，却作了百余幅彩色的临摹，并且在陪都举行敦煌艺术展览会；其次是大千先生在成都、重庆的画展；再其次是本所研究员罗寄梅先生等的敦煌艺术摄影展。在这两三年中从事艺术的人，总算已间接地把敦煌艺术烘托出一个轮廓大体。

千佛洞现存的400余窟，包括北魏、西魏、隋、唐、五代、宋、元各时代的塑像和壁画，真是一个规模最大、收罗最丰富的博物馆，一部描写最详、引证最确的活的美术史。现在我要简短地把这几个时期的艺术作风叙述一个大概。

我觉得敦煌艺术大概可以划分为三个时期：

1. 印度艺术传入时期——象征的——北魏、西魏诸窟。

2. 中国艺术繁盛时期——写实的——隋、唐、五代诸窟。

3. 衰退时期——装饰的——宋、元诸窟。

一　印度艺术传入时期

中国绘画吸收外来影响，是在东汉明帝时期。印度佛教传入，佛教画始于三国孙吴之曹不兴。那时天竺僧康僧会携佛像东来，曹不兴开始临摹，其后佛像普遍地流行。张僧繇画一乘寺的时候，就采用称为凹凸法的印度阴影画法。这是画史的记载。千佛洞依照开凿年代（366）来说，那时正当魏晋西域诸国的沙门优婆塞借印度佛教的推动力源源东来，其时西域一带正浸润在佛教全盛的氛围中。

敦煌为当时东西交通的要道，印度佛教艺术作风自然浸入千佛洞诸壁画中，北魏、西魏诸窟里边带着犍陀罗作风，显然可以明白。印度佛教艺术最显著的特征，是犍陀罗风格。那带有优秀衣纹线条的表现，浑厚坚实形体的烘托，是兼有希腊、罗马两个特有的素质。从壁画的色彩方面说，其浓重丰丽之感，有波斯、印度的特性。

至于采用的题材，因为当时正在佛教东流的初期，一切礼教与法道要借绘画力量来传播，所以都拿佛传和本生经作为正主。许多故事连环画，把活动热烈场面，用朴素而率真的态度尽情描写出来。这些壁画，使我们想到文艺复兴前期齐屋堵那些叙事式的宗教绘画，有时候带着粗野奔放的气势，只有法国野兽派作家乔治·鲁奥的画可与之比拟。例如，就北魏第248窟（编者按：本文洞窟编号为张大千编号）来说，北壁的降魔变那种用粗线条描述的动作形势、笔触色彩，没有一处不表现力量和动作。

我们知道北魏壁画制作的程序，是先以朱红的粗描勾勒轮廓，敷以白粉之后，再加上细线的勾画。但现存的六朝壁画，大部分白壁和外缘的细线已剥蚀，显露的朱红也变作灰黑，因而表现得异常粗野强烈。同窟南壁一幅舍身饲虎故事画中，王子剥了衣服长跪着预备向山下投身饲虎的顷刻的描写，简直是油画画成一个模特儿的习作。其凹凸光暗立体型的表现，笔触的放纵，颇有大气磅礴、睥睨一切的气概，把东方画的线条运用在面的表现上，其效果之成功，真令人有点不可相信。在颜色方面说，照现存的情形只有灰（朱红氧化后的变色）、黑、红、白、青、蓝的几种。这几种颜色，在画壁上相映成简朴、坚实的氛围。年代已久远，有些剥落部分，或褪了色的角落，都分外可爱地诱惑着我们。这种坚实温雅、朴素浑厚的色彩与笔法，令人想到现在法国恢复壁画运动的宗教画家窦乏理哀（Dosualiez），因为在佛像的描写上，魏画多少带有高底克氏（Gothiquc）（编者注：今译为哥特式）的风味。

在此我们要知道画史上记载着的尉迟乙僧，他是一个从于阗到中国来的画家。如第83窟那种与其他诸窟截然不同的意味、风趣和作画的方法，不但有所谓犍陀罗风的雕刻，而且那种曹衣出水的笔调一样显著地留在魏画胡服的衣褶及其笔迹中。在这种壁画前面，我们看到印度、波斯、希腊、罗马的幻影，却又说不出它的所以然。

在笔法方面，也许我们没有看到如张彦远评顾恺之画的"坚劲连绵，循环超忽，格调逸易，风趋电疾"的情形，我们面对着中国古代绘画，有时真会迷离恍惚，不知怎样来描述这些大胆有力的千余年前的作品。

有好多地方，如同前面所述，魏画提示着原始稚拙、朴素的感觉，他们在描述一个故事，房屋与人的比例，山林与兽的比例，都是非常不相称的，有意或无意地带着象征的意味，唯其是这样，六朝画更充满了表现的力量。

二 中国艺术繁盛时期

中国古代艺术经过六朝佛教艺术的渲染，从朴素、典雅的特质进而至于繁杂美丽、金碧辉煌的境地。千佛洞壁画，隋唐画家承六朝余风，造诣更为精进。他们用圆润细劲的笔线来代替犍陀罗消瘦、锐利的作风。他们用纯厚浓丽的色彩来代替印度的色调，如吴道子、阎立本、张萱、周昉、李思训、王维等辈。这里虽然没有题记作为证据，但是许多洞窟都可以说明诸家近似的风格。如第292—270、126诸窟的壁画，在大规模的经变构图中，庄严如佛像题材的描写，唐代的画家仍然非常生动地表现姿态动作。要不是画家们真能"熟悉典故"，"领悟佳趣"，又焉能至此？这里使我们知道画史中"随类赋彩""金碧辉映"的实例。第301窟《张议潮夫妇出行图》，真是"鞍马屏帷""冠盖如云"！一列仪仗充满着写实的风度，令人想见当时"贵游之盛"。至于紧凑、生动的结构，自由、活泼的描写，使绘画的理想全部实现出来，真有忘人忘我、感情移入的微妙境界。中国绘画度过六朝的桥梁，这个时候已达到登峰造极的顶点。

从题材方面说，佛传故事虽仍为重要的描写对象，但隋以后大量挥发净土意识，到此时已有了根本的改变：

> 然而这种目的，在把个己存在消灭的特殊的印度式悲观论的人生观，中国一般人的心里似乎有点不大高兴接受。中国的佛教徒没有印度教徒那样偏于玄想，他们却相信深信三宝的人，因为他们合乎德行的生活同精神上的修养，可以往

生净土为其报酬。在那里得到有福的休息，虽不是永久的，时期之长却不可计量。这种往生净土，往往画成善人的灵魂从莲花瓣中转身而为婴儿以表示之，于是这种虔诚的想象显得更有诗意了。①

中国人已把佛教悲观的消极思想改变，在千佛洞唐画经变中，天真活泼的往生孩子悠然自得地在七宝池中漂流的景态，真可以代表大唐民族奋发有为的精神。

再从描写的态度上说，唐画充满着写实的成分。试拿第 292 窟及第 126 窟北壁的两幅净土变（是千佛洞唐画的代表作）做证例来简略地一说。第 292 窟北壁为西方净土变，释迦如来居中，周围诸菩萨众，下方伎乐供养及宝池往生灵魂，上方楼台亭榭，全画构图紧凑、用色典雅。菩萨像的圆润丰厚带有肉感的线条，其纯化精美的程度，可以拿欧洲文艺复兴时期的意大利画家文西或 19 世纪法国画家安格尔的作品来比拟。至于楼台结构的严整、细密，远近法的入情入理，真是得未曾有。其他宝池中水纹的荡漾，楼台屋顶微光的映辉，加上远远配置在亭角间的佛光神影，俨然已写出西方极乐世界的真迹。第 126 窟北壁的净土变，色彩富丽，布局高贵、宽敞。上部蔚蓝的晴空中，天人、供宝、乐器、花卉随着云彩飞坠而下，一如流星。中部世尊说法，诸菩萨环坐听道，左右楼台亭榭，下方宝池中桥影波光，互相辉映。再下乐神舞伎，余音缭绕。这种入情

---

① 向达译斯坦因《西域考古记》第 164 页。

入理的表现效果，已把净土意境充分透露，壁前静观，诚令人有出世之感。

上述的两幅唐代壁画，最充分地表现着写实的精神。但这里所谓"写实"是"中得心源"的带着主观的表现，并不是19世纪的Realist（编者注：现实主义画家）所作和客观的"形似"而已。

三 衰退时期

五代以后，精彩时期已过，宋元画作虽纯练烂熟，却多含衰颓退化的成分。千佛洞所见壁画已甚粗俗刻板，描写的经变内容有时几于不可辨识。壁画的画面不过是散点模样重叠起来的装饰图案，毫无生气力量。元画实例不多，用色方面较为新鲜，但似缺少生气。

从艺术作风的系统讲，上面三个时期是表示三个倾向，对敦煌艺术要注意的是：

1. 全部壁画以人物为主体。

2. 全部绘画都采用浓重色彩。

六朝、隋唐的画家大抵都是佛教画家，间有以山水为背景者。真正的独立山水始自唐代的李思训、吴道子，当时崇尚青绿。自王维水墨山水兴起后，山水画家即风起云涌，一直到现在，此风尚没有完全消失。这种关系文化哲学的问题，如果一定要知道所以然的缘故，我们可以先拿西洋文化做一个例子来说明。

我们知道西洋文化是发源于古希腊的。希腊半岛是山地的地理形势，希腊人居住都是背山临海，局促一隅，人与人的关系要比人与自然的关系多，所以他们的艺术以雕塑为表现工具，把整个美的因素放在裸体人的身上。这里代替山水、林木、丘壑起伏节奏的是人身上面、线的变化与和谐，代替嫣红紫绿色彩的是投射在人体上的光的变化。他们是从人中间去看宇宙，而中国人却是从宇宙中间去看人。中国山水画能历久存在，就是因为这种哲学基础，觉得在茫茫宇宙间，人类不过是一个无足重轻、补点在山水中的穿插而已。于是从看天而到怕天，由怕天而到倚靠天，有了"靠天吃饭""听天由命"的消极出世观念，使中国文化整个都埋葬在避世怨生的阴影里。这并不是一个好的现象。

就拿欧洲的艺术动向来说，古代中世纪一直到文艺复兴时期的画，亦无不以人物为主。一个乔多（Giotto）（今译乔托）、一个米格、一个万罗纳（Veronese）（今译委罗内塞）、一个提香（Titian），一直到冯白郎（Rembrandt）（今译伦勃朗）、安格尔（Ingres），哪一个不是以描绘人物为主？真正风景画是在 18 世纪布审（Paussin）以后的事情。从那时以后到了 19 世纪法国的哥罗（Corot）（今译柯罗）、英国的 Constable（编者注：康斯太勃尔），他们都专门从事于画架画（Peiutnreau Cheoalet）的制作。那时候欧洲的绘画才从叙述的装饰的大块文章一变而为散文小品。接着印象主义诞生。印象派的鼻祖莫南（Monet）（今译莫奈）回答一个问他画面何者为主的人说："这幅画的主体就是光。"这正如倪云林所说："余之竹，聊以写胸中逸气耳。"欧洲绘画到这个时候，已逐渐走向主观的路。及至第一次欧战之后，个人主义支撑着整个欧洲艺坛，从立体主义、表现主义一直到超写实主义，真是离奇古怪，把下意识的、未经统制过的人类的幻想、梦想支离破碎地表现出来。艺术到这个时候，只有虚伪做作的人才有创作，只有假冒伪善的人才能欣赏。这正如近时文人画家，沾沾于笔墨气韵、神逸超脱的风度，拿"传神""写意"的口号，干抱残守缺的勾当，所谓"不过意思而已"。如此样子穿着大袖绸衫、潇洒雅逸的文人骨架，使中国绘画从孤高自赏的傲慢阶段而渐渐陷入隐退感伤的悲剧境地，必然的趋势是自杀与灭亡。这正如我看到欧洲超写实主义画家拉生拿"被埋着的人"为题材，描写沙漠中的夕阳，照着倒立的一个骷髅，那瘦长凄惨的样子，正指示在世界末日的十字架上。朋友，这毕竟不是象征着一个正常的可以乐观的世界呀！

这个不能乐观的世界，终于爆发这一次可怕的悲剧——从未有过的大战。经过八年来的抵抗，胜利终于来临。在这时候，我们应该计划一下今后的文化建设问题。那站在前驱的艺术动向，也就是中华民族的立国基础。我们知道，目前已是"航运"的世界，我们并不缺乏外来文化的影响，我们缺少的是引证历史的实例、找出文化自发的力量。因为只有历史，才能使我们鉴往知今地明白祖国的过去，明白中华民族的精神之所在。

敦煌艺术是一部活的艺术史，一座丰富的美术馆，蕴藏着中国艺术全盛时期的无数杰作，也就是目前我们正在探寻着的汉唐精神的具体表现。

编者注：原载《文化先锋》第5卷第24期，1946年7月；《新思潮》第1卷第2期，1946年9月。

敦煌艺术特点

一　北魏艺术之特点

　　自东汉明帝时佛教传入中国后，中国文化随西域交通的频繁，显然进入一个新的阶段。

　　敦煌艺术滥觞于北魏，正当中国艺术受佛教艺术影响之时。自其开端即已呈现印度犍陀罗派（Ecolevgreco–Buddigue）的作风与北魏民族雄伟、活泼、旷达、流利之特点。此时壁画一般描写的对象多为灵鸟、走兽之奔驰，天神、梵仙之霞飞，一如第285窟窟顶之天体描写，无一不呈现行动飞逸之感觉；另一方面释迦如来以及比丘弟子则以天地万物主宰之地位，肃穆严正地静处其中，不紊不乱，则又显示佛力之伟大、高超。

　　此期壁画用色多为石青、石绿、紫红、土红、黑、白，兼及富丽、典雅、清快、明澈，形态表现着重于主题之扩大与主要动作之加强，就是张彦远所谓的：

> 或水不容泛，或人大于山，率皆附以树石，映带其地，列植之状，则若伸臂布指，详古人之意，专在显其所长，而不守于俗变也。

莫高窟共有魏窟23个。此23窟，均具有北魏雄伟、古朴之风趣，所谓的"人大于山""水不容泛"，均可于第285窟得眼林故事画及第290窟隋代佛传故事画中获得其实例。此外在第288窟之白衣释尊像中，可窥见犍陀罗风之实例，即所谓希腊佛教艺术之特点。其时壁画造像之线描衣褶均紧贴身体，一如希腊雕像把人体的曲线从柔软的衣褶中表现出来一样。这也就是北齐曹仲达的"曹衣出水"体式。

二 隋代艺术之特点

有隋一代，享祚甚暂，但因当时朝野佞佛之风所及，莫高窟现存400余窟中，隋代洞窟共计96个，约占石窟群全数之1/5。由此比例之大，可知隋代在莫高窟所占地位之重要。

石窟艺术自创造至于隋代，经200余年之精练洗刷，逐渐受

莫高窟第285窟　窟顶　吴健摄影（敦煌研究院供图）

中国文化之陶冶熏炼，已具有充分的民族气氛。用色由简朴渐趋于华丽（千佛背景多用土红），用笔更形流利、爽达，多在造型方面之变化，系自北魏带有欧洲中世纪哥特式之瘦削、细长渐变为半圆实之体式。题材方面除承袭两魏故事画外，间有简单的维摩诘经变及普贤菩萨之描写。综观此时之艺术，可谓为六朝与李唐间之桥梁，是由自由到规律、由象征到写真、由异国情调到民族色彩的蜕变时期的标本。

此期藻井图案之风味，受波斯小亚细亚及印度之影响，其富丽多变之程度，为莫高窟各时代之冠。

三　李唐艺术之特点

李唐300年，由于政治之修明，其于中国文化之盛，各个领域均有其极普遍之发展。敦煌唐代壁画约可分为初、盛、中、晚四个时期。此四时期之作风，有显然之差异。初唐作品，尚含有画风方面部分的古朴拙劣，一如六朝制作。盛唐制作，大抵丰富、美丽、金碧辉煌。制作，一切客观的条件都已到了顶点，那时比例透视和其他有关写实技巧的发达，实在远超时人所作的图画。

唐代绘画题材，一变过去消极牺牲的连环故事画，而为大幅经变。净土宗在中土抬头，而把佛教之教义从极阴森消极的印度思想中拯救出来。唐代的净土宗，是唐代中国民族积极进取的象征。

敦煌壁画的100余幅西方净土变中，从初唐到晚唐，往生灵魂的蜕变是于七宝池中开始一直到参加天神讲坛的行列为止，正可见到唐代民族在佛的理想国中是如何的样子，从微细的幻想而到了彻底具体的现实。

在技巧方面，唐画铁线描的流利放达正如"春蚕吐丝"一般，全幅画面富丽的色彩，如同取自教堂中嵌镶玻璃似的，每一个颜色在细润圆滑的包含中，格外地显现出充沛的力量和它所要表现的意识，这正如中国美术史上所常提到的"吴带当风"那一类奔放活力的另一种认识。

四　五代宋元艺术

五代居唐、宋之间，为荆关一代蜕变的重要时期。

千佛洞，由于曹议金三世统治瓜沙，利用其政治地位和财力修了不少规模雄伟、内容精美的洞窟。一般的作风都是承袭李唐而没有很大的变化。不过美术史上所说"山水至荆关一变"的实例，我们确是在五代壁画的故事穿插上见到了，那是从铁线描到兰叶描的一个重要转变。我们去岁重修发现的第27窟完好如新的龙王海会大幅壁画中，完全见到了那已蜕变加上压缩与类似枯柴描的新线。这种倾向一直到元代第3窟的千手千眼观音，尤为显著。

宋代是自然主义卷轴画倡行的时期，徽宗创画院，设画官，集中艺人于小品抒情之造作。那是从方寸天地之中，窥探大自然的禅宗领悟的静穆的一个时期。千佛洞此时代壁画，大都是画匠机械仿制之品，内容贫乏，表现板滞，没有多少可取的东西。

元代密教盛行，千佛洞所见壁画，内容已大部分由经变而为密教曼荼罗，如第456、454窟的，制作虽精，但已有衰退的迹象。

明嘉靖三年（1524）退守嘉峪关一直到清雍正元年（1723）才再置沙州，在这个时期中，千佛洞没有一点历史的痕迹。

编者注：原载《敦煌艺展目录》，国立敦煌艺术研究所，1948年9月。

从敦煌近事说到千佛洞的危机

一

石室藏经的发现，是光绪二十六年（1900）五月二十六日的事，出土有经卷、文书、图轴等，关系到历史、宗教、文化各方面，其规模之大、影响之深，不但较中国历次文献的发现如孔壁古文、汲冢竹书、殷墟甲骨、流沙坠简等更为重要，而且较之18世纪意大利发现1800余年前的庞贝（Pompeii）古城也无逊色。这个大发现重新改写了世界文化史。斯坦因（1907）、伯希和（1908）、橘瑞超（1910）、华尔纳（1924）等先后到达敦煌，相继诱窃盗取，传布宣扬，简直把20世纪这个"发现时代"探险发掘的狂潮，从欧洲扩展至亚洲腹地。一时英、俄、德、法、美、日、瑞典、匈牙利诸国学者均纷纷前来探险发掘，风声所及，昏昧的晚清政府，尚能以保存国故为名，训令敦煌地方当局收集劫余残经，赍送京师（至今国立北平图书馆收藏的9000余卷经书，就是那时候的收获）。以及晚近专家向达、贺昌群、陈万里、张大千、劳贞一、姜亮夫等都有过各种不同的研究和论著发表，使国内知识界对于发现的经过和价值有了若干的认识。敦煌之名就是这样传播在中国朝野的。

不过敦煌僻处西北边陲，国人的性情又多不好外游。当初伯希和掠取经卷满载归国的时候，道经北平，仗他一口流利的中国话，曾在六国饭店陈列展览之际发表了一篇动人的演说。这篇演说虽曾打动了学者如罗振玉、王国维等，并且还根据当时的见闻写了好多研究敦煌的文章，但实际来到敦煌考察调查，一直延至民国十四年（1925）。那时代表北京大学国学门的陈万里先生，因福开森（John C. Ferguson）之介绍，得以加入美国哈佛大学旅行团与华尔纳（L. Warner）等一行同去敦煌。这是中国为敦煌艺术前往考察的第一个人。正如沈兼士先生在民国十四年出版的陈著《西行日记》序文所载："余以敦煌近二十年来，外人已屡至其地，顾我国学者，以考古为目的而往者，此殆为嚆矢。"但是这次由于华尔纳在前一年至敦煌盗窃塑像和壁画，竟被敦煌地方士绅坚决阻止，并没有成功。民国二十年（1931），贺昌群先生根据伯希和所辑的敦煌图录，以他丰富的中西文化交流史的学识，在《东方杂志》上发表了一篇《敦煌佛教艺术的系统》的文章。这篇介绍敦煌佛教艺术的空前论文，除了对于敦煌的历史背景做了一番简要的介绍外，还比较地将中国佛教艺术的源流作了简要的说明，至于敦煌佛教艺术本身的研讨，更有许多独到精深的地方。贺先生虽没有到过敦煌，但他的文章却给予后来千佛洞的人很好的启示。

继续着贺氏对于敦煌佛教艺术之介绍，正值抗战前期，国内开发西北的声浪高入云霄。这个自宋元东西海上交通鼎盛之后，已沉眠了近 10 个世纪的河西走廊重新又被人们注意起来了。于是《后汉书》所称的"华戎所交一都会"的敦煌县，就增加了许多游客。随着甘新公路的建成、南疆公路的完工，敦煌已变成塞外的主要名胜。但过去到敦煌的人，都是游览性质的旅客，这些旅客除在壁画上记一些"某月某日到此"的无聊题记外，并没有足为史料记载的事实。至于真正为千佛洞壁画而来的，要算民国三十一年（1942）当代国画名家张大千先生。那时候一般国画家是争取出国展览赚外汇的，大千先生能走到这种绝塞荒郊，"磅礴坐卧其下者几及三载"，他那种"奇寒盛暑，劳苦相勉"、努力于中国古代艺术发扬的精神，在最近展览中已经获得了应有的评价。站在艺术工作同仁的立场，我们钦佩他先知的聪明与敏捷的行动。较大千先生迟几个月到千佛洞的有中央研究院的劳贞一先生、教育部艺文考察团王子云先生和著名敦煌学专家、汉唐古交通史权威向觉明先生。也就是那一年，于右任先生偕同高一涵、卫聚贤诸先生视察西北，特来千佛洞巡视，当时看到千佛洞古迹的可贵和设立保管机构的必要，提请第 75 次国防最高委员会设立敦煌艺术学院。于先生在原提案上，除简要地把千佛洞历代沿革及内容、现状等申述之后，在结尾处说："似此东方民族之文艺渊海，若再不积极设法保存，世称敦煌文物恐逐湮销！非特为考古暨博物学家所叹息，实是民族最大之损失。"这个有力的提议使敦煌千佛洞由文字的介绍而进入实际保护行动的阶段。当于先生的提案经国防最高委员会通过之后，正在交由教育部实施筹备办理的时候，向觉明先生以"方回"的笔名，在 1943 年 12 月 27 日重庆《大公报》上发表了一篇长达万余言的《论敦煌千佛洞的管理研究以及其他连带的几个问题》。这篇文章，如傅孟真先生在文首按语上所说"于敦煌文物之原委，历历如数家珍"之外，并从自己身历其境的观察，提出保管和研究的实施建议。其内容是那么翔实生动，其爱护敦煌文物的热情又是那么洋溢于字里行间。曾记得该文发表的时候，陪都正汇集了全国艺术界人士，恰值举行第三届全国美展的前夕。许多美艺界人士，都非常亲切地展望着西北边塞的一角——那介乎三危、鸣沙二山之间的敦煌千佛洞。在那篇文章中，向先生对于当时千佛洞现状的不满，曾引起全国文化界的无限同情。这种同情，正如作者在文首所希望一般，后来真个"逐渐化成舆论"了。

教育部为加速敦煌艺术研究所成立的筹备，立即公布高一涵、张庚由、王子云、张维、张大千、郑通和、窦景椿、常书鸿等八人为敦煌艺术研究所筹备委员，并指定高一涵为主任委员、常书鸿为副主任委员、王子云为秘书。筹备委员会由高一涵先生主持，在兰州甘宁青监察使署开了两次会，通过保管研究计划大纲，复由高主任委员率领筹备委员会工作人员，于 1943 年 3 月 24 日抵达千佛洞，就地设立办事处，开始筹备工作。

二

　　千佛洞在敦煌城东南 20 余公里处，1944 年研究所成立后，请示甘肃省政府谷主席同意，由当时敦煌县长陈冰谷发动地方民工，开了一条直达千佛洞的汽车路。从安西来的汽车，在离敦煌城 10 公里的地方，就可以见到一条南行的支路，行 9 公里，快进入山峡就可以远远见到那些掺杂错置、累累如蜂房的石窟群。石窟自南至北共长 1612 米，存有自北魏、西魏、隋、唐、五代、宋、元七代的壁画和塑像。这样大规模的结构，我只有将统计所得的结果，用乘车看画的比喻使没有到过千佛洞的人得到一个概念：全部千佛洞壁画面积凑合起以高 5 米计算共有 2.5 万余米，就是千佛洞壁画全长可以展开到 25 公里。换一句话说，我们如果坐着 25 公里时速的汽车，要一小时的工夫才能和全部壁画飞逝般地打一个照会。再加上 2000 多个塑像以及各时代的建筑，从变化复杂的壁画题材，从绵延相继的历史体系，从包罗齐全的宗教释典，从演变无穷的艺术系统……这种不能想象的伟大史迹，实在予人以惊心动魄的感觉。

　　这个曾经经历北周武帝及唐武宗二朝废佛毁寺的厄运、晚清西陲宗教变乱的焚劫，在十数世纪漫长的岁月之后，劫余仅存的国宝，现在残落荒凉地矗立在灰枝绿叶的白杨后面。一湾从大泉南来的细流，蜿蜒曲折地经过全部石窟的壁脚，消逝在北端石窟尽头的戈壁沙石间，一切残破毁坏的迹象，随着西逝的落日愈显衰败和危殆。敦煌千佛洞自东晋穆帝永和八年（352）创建至今，已达 1596 岁的高龄。它毫无掩饰地把我们这个自汉唐以降国势衰败的迹象，一如矗立在雅典废墟中的帕特农（Parthenon）神殿般地在沙漠的边塞中暴露出来。我们随着高一涵先生于 1943 年 3 月 24 日抵达千佛洞的时候，正是中华民族抗战的第 6 年。这个已经沉睡了近 10 个世纪一度被人遗忘的古迹，能在国家艰苦困难的局面中创建正式保管和研究的机构，我们应该感谢政府的措置。所以当我们到达的瞬间，在万籁俱寂的山谷中，听到从大泉淌来的那一湾细流的水声，仿佛是象征着中华民族一种活力透露似的。从远古时候起，这条古称宕泉的流水，像中国五千年文化活力一般地没有止息过！

那时候张大千先生住在上寺，和他同时工作的有画家谢稚柳先生、大千先生的门生弟子、喇嘛。他们是中国当代艺人第一批自动来到这绝塞边陲，肩担了承先继后工作的备受艰苦的卓绝英雄。我钦佩他的勇敢，祝贺他的成功。住在中寺的是敦煌学权威、曾经在国外研究流散在欧洲的敦煌经卷文籍的向觉明教授。当我去拜会的时候，向教授如敦煌平民一样朴素地正在一个灰盆上用搪瓷杯煨煮沱茶。一支残余洋蜡的烛光，在塞外寒气未除的早春之夜，使人感到温暖安逸。就在这样的环境中，他们已做了敦煌艺术开导启发的基础工作。事实上，我们以后得到他们不少关于解决千佛洞历史、艺术诸种问题的帮助。这里，除了感谢之外，并为他们长时期在沙漠中工作的精神致以我们的敬意。此外，我对于认真帮我们去沙、开渠工作的敦煌驻军表示感谢，因为根据当时工程师的估计，仅去沙工作、雇用民工就需要 300 万元，现在他们义务地为我们去除了窟前积沙。

　　到目前，事隔六年，我仿佛还看见当时张大千先生在春寒黎明忙忙碌碌指挥入门弟子从事临摹工作的紧张情景，向觉明先生深夜独自秉烛俯伏在洞窟高壁上聚精会神录写题记时的侧影，士兵用铁铲木耙清除沙土的热烈奋勇的场面。千佛洞，文献记载虽然有过十余个寺院和二三百个寺僧门徒，以及第300窟（编者按：本文洞窟编号为张大千编号）张议潮及其夫人出行图上那样鞍马屏帏贵游的盛况，但是经过千余年的沉寂之后，我想，1943年该是千佛洞大事记上的重要时期。可是，这样的时期并不久长。在4月里，塞外初夏，千佛洞梨花盛开的某日，向觉明先生继张大千之后离此东返。于是千佛洞又像农历四月初八浴佛节时，敦煌全城人士来此拜访释迦牟尼佛诞辰的次日一般，重新又趋冷落孤寂。研究所那时只有五万元的开办费，去了同事、工警的长途旅费及购置一些简单设备费，已经没有一个多余的钱了。高一涵在临别的时候对我说："现在你们要抱着白手起家的精神，在千佛洞孤岛上去开辟一个新天地！"是的，我们从碗筷、水缸、锅盆、灯盏、火炉、薪炭以及驴马、大车等无一不要自己去购买。而这许多东西，有时候，连敦煌县城都不能买到，就必须向人家商借应用。我们在这四无居民的沙漠上必须先作生活布置然后才能进行工作，因为我们不是一个暂时机构，我们不是一个定期可以完成的工作队，我们必须作长久打算。

三

这里既然是一个 20 公里无人烟的孤僻所在，一般年轻同事，由于与城市生活隔绝，日久就会精神上有异常孤寂之感。平时如此，已甚不安，一到有点病痛的时候，想来想去就觉得非常可怕了。

记得有一年夏天，同事 C 君偶受暑热，发高烧，在我们准备了一辆牛车（要 6 小时才能到达城内）正要送他进城医治之前，他偷偷流着泪对服侍他的工友说："我死了之后不要把我扔在沙堆中，请你们好好把我葬在泥土里呀！"（后来这位 C 君在病好了不多久，就辞职回去了。）这种凄惨的话语，往往会影响许多同仁的心理，因为谁也不知道什么时候也会得这种病。假使不幸碰到烈性传染病的时候，我们也许同样会逃不出死葬无所归的命运。在这种时候，大家都有"但愿生入玉门关"的心情。就是从城内雇来的工匠，做了几天活之后，往往会不声不响地私自进城去。没有娱乐，没有社交，孤零零、静寂寂的，有时候等待一个人群社团的活动，比盼什么还要迫切。作者的妻——一个在巴黎繁华世界混了八九年的女人，就是因为过不惯这种修道院般孤寂冷静的生活，在 1945 年 4 月抛弃了子女潜逃无踪地奔向她理想的乐园去了！ 5 年了，我在这瀚海孤岛中，一个与人世隔绝的死角落，每次碰到因孤僻而引起的烦恼问题——如理想的工作人员不能聘到，柴草马料无法购运，同仁因疾病而恐惧，以及不能久安于此，等等——我常常在问自己："千佛洞的环境是否有设立一个类似机构的可能？"于右任先生在提议设立敦煌艺术学院的时候，早已想到这一层，所以在呈请国防最高委员会的原文上有"寓保管于研究"的措辞。他老先生在 1943 年 1 月正当我动身赴西北之前亲自对我说："这是一个不易久居的地方，所以我要找你们艺术家去担负久长的保管工作。因为只有爱好艺术的人，能从富有的千佛洞历代艺术宝藏中用安慰与快乐来抵消孤僻生活中的苦闷。"

我们在盛夏烈日或严冬风雪中，为了往返城郊，穿越 20 公里不生寸草的流沙戈壁，一个人在沙漠单调的声息与牲口的足迹中默默计算行程远近的时候，那种黄羊奔窜、沙鸟悲鸣、日落沙丘的黄昏景象，使我们仿佛体会到法显、玄奘三藏、马可·波罗、斯文·赫定、徐旭生等那些过去的沙漠探险家、旅行家所感到的"沙河阻远，鬼魅热风"那般的境界。是的，我现在才了解于老先生的话："我们这里需要对于敦煌艺术具有与宗教信仰一样虔诚的心地的人，方能负担长久保管的任务。"否则，他必须有一个执着沉毅的志愿，或是怀藏着猎取敦煌艺术的私心，才能有所期待地定期居留。因为自从张大千先生大规模地将他两三年来精美的敦煌壁画临摹成绩在渝蓉等地展出之后，敦煌壁画是如此样子流行与受人爱戴。一部分以画件为商品，作为招摇赢钱目的的人，就不惜拿敦煌之名做一个幌子，展览买卖大发其财。记得有一位 L 先生，在千佛洞住了一日一夜，借临了些研究所朋友们的画稿，居然大摇大摆地在西北著名城市中开了一次规模不小的敦煌画展。（抗战中，艺人们得不到国家对自由创作者的保障，纷纷放弃了中国画家过去清高、雅逸的传统，甚至在十字路口摆狗肉摊子，有待于中国新宪法的实施，因为新宪法有保障文艺创作者的原则，那是另一个问题。）但类似上述"敦煌画展"那种不尽不实的流风所披，竟至影响到此间同仁的研究工作，就使我们非常痛心了！

这几年来研究所工作的重心，还是仅仅在敦煌艺术的介绍，大部分时间、经费都集中在这个问题上面。我们都知道，敦煌艺术研究，应该从整个东方佛教艺术互参对比中找出路。我们不能西越葱岭横跨喜马拉雅高山追溯恒河流域的印度佛教艺术之源，甚而有关的希腊－波斯艺术之渊源，至少也该对国内云冈、龙门、库车、克孜尔石窟艺术做实地比较的研究。像这一类的旅行调查研究工作，一定要一笔相当大的费用，研究所过去没有事业费而无法实施这种计划。所以几年来所做的一点介绍工作，也限于简陋的设备与有限的材料，只能客观地忠实地临摹介绍。这种客观的临摹，像欧洲博物院的标本画临摹一样，是要藏纳起自己个性的、耐心劳苦的事情，绝不是那些马到成功、亟待渔利者所能做到的。有些在这里共事的朋友，因为待遇菲薄，同时又因身处异域，不愿久留，所以往往要利用时间临摹一点可以开展览会的私蓄带回去。因此制作粗滥了，工作怠慢了，一切结果，离我们的理想还是太远。

敦煌艺术研究所，在中国还是一个史无前例的机构。它可能是一个美术陈列馆，但是与这里几百个石窟的固定性质的古迹又不甚相同。它可能是一个博物馆，但像这种仅偏于佛教美术内容的东西，称之为博物馆亦非恰当。去冬在重庆的时候，曾和傅孟真先生商量了几次，后来拟定了一个"敦煌古迹保管处"的名称，因为敦煌千佛洞的研究工作，绝不是几个人短时期当中所能完成的。对于这样一个国家民族文化的宝库，我们一定要尽心尽意负担着严格的保管责任。只要保存得法，使千佛洞的古迹不要再受损，那么研究工作是可以随时推进的。我们要像傅孟真先生在向达先生那篇论文的按语中所说，提供给"有资格来敦煌研究的人"，由教育部聘请有关教育文化机关学校对敦煌有兴趣的教授，或是用考试选拔的方法收几个研究生到这里做定期的专题研究。仿佛法国培养国内高级艺术人才的美帝西学院（Villa Medicis）那样，用选拔的方法，把有天赋的画家、雕刻家、建筑家、音乐家保送到罗马美帝西学院。学院里有一个院长，负责指导并管理选拔高才生，三年工作期满后，回到法国来为艺术界服务。在留学期间，每年暑假均有成绩送到巴黎展览。我想敦煌艺术的研究和发扬，很可以采取类似的办法。

研究所负责保管之外，并制定严格管理洞窟的制度。现在这里有十余间简单、实用的宿舍，生活方面，有一辆卡车，交通运输以及日常给养都已完善。我们对于研究人员除尽量提供一切生活便利外，还应购置必要的工具书（如"二十四史"、《大藏经》、《佛学辞典》等），让他们在此安静的环境中完成全国所期待着的各种写作。千佛洞虽在沙漠绝塞中，但因为有水有林，在春、夏、秋三季中，蓝天白云和鸟语花香，牛羊和鸡犬，瓜果和菜蔬，无不应有尽有，就是在三九寒冬，这里每天有灿烂的、温暖的阳光，在中午也并不十分冻人。假定我们弃去对城市的特殊迷恋的心理，那么，这里就是一个理想的研究写作的地方。

四

研究所在这三五年来，保管方面显著的工作是造了一条长达960多米的围墙，把主要的石窟、树林及中、下二寺均圈在围墙里面。修了十余条必要的通道、一二十个主要的窟门，现在200多个洞窟都可以登临巡视了。最近又做了一个总窟门。参观的人一定要用木制入场证经过登记后才可以进去，而且每个进去的人都要由研究所派员引导。

研究所对于研究人员不能漫无限制，近来已绝对禁止两项过去已成了习惯的不合理的方法：其一是用玻璃纸在壁画上直接印摹画稿，其二是用液体喷在画壁上显示漫漶的壁面题记。千佛洞的壁画都是用粉质颜料画成的，画的时候是和有胶质的，经过千百年有些氧化变色之后，大都浮在壁画表面，严重松散，很像霉糊物体表面的绿苔。假如要在上面刻画、喷水，可以想象到对壁画的损害，这种损害壁画的做法是如此不合理的。我想一切爱护敦煌壁画的人都应该一致反对这种谋害性的行为。关于临画问题米芾也曾说过："画可临可摹，书可临不可摹。"因为摹画究竟是匠人的事情。西洋画注重 copy（临），但绝不能 decalquer（摹，描），这是同样的理由。何况现在我们要印摹的又是如此脆弱的国家之宝呢？

研究所定了两条硬性的条文：（一）研究所同仁不能假借任何理由有印模与喷水之行为，违则撤职离所。（二）外来研究人员如发现有上述行为即撤销研究许可证，停止其研究工作。到千佛洞来临摹画的人对于这种规定，当然是很失望的，因为空手临写究竟比印模要繁难，要费时费事。为此，研究所正在设法购置幻灯放大机。现在研究所已有一部小发电机及简单的摄影设备，这可以补救一般不能空手临摹壁画的（缺憾）。至于喷水湿壁，那是没有什么其他代替办法的。

五

　　千佛洞修建的年代既如是久远，其本体又系工程建筑上的一件杰作。这些石窟开凿在玉门系砾岩——由无数小石子与沙粒只凭一点钙质黏着的脆弱的岩石——陡崖上。洞子的形式既不一致，又高低大小亦极不同。这里面有高达 36 米的，有长达 17 米的，各层洞窟上下的间隔有几个地方厚度仅有五六厘米。像第 20 窟、第 301 窟，两个大卧佛殿，窟深 7 米，高 6 米，长却有 17 米，窟上都是略作瓢形的平顶，这 17 米长与 7 米宽的大空间没有支撑横廊的台脚，上面却负担着千万吨石崖的重量。如果没有想到这个窟顶的砾崖仅由一点点钙质黏着，谁也不能否认这种建筑上的大胆设计，是非现代人所能设想的。至于上下两窟的隔层，只有五六厘米，这种危险，使我们行走其上，如履薄冰一般，心头感觉到恐慌。凡此种种，可以说明千佛洞石窟建筑的大胆与巧妙，同时也说明千余年来千佛洞石窟毁损了 500 多个洞窟的所以然。因为这种过于巧妙与大胆的工程，也就增加了它被破坏的可能性。

根据当地泥匠所说，千佛洞砾岩用热水润湿之后是非常容易凿刻的。这番道理，在前年修筑通道和加筑门户的时候已完全验证了。我们在修凿第102窟通道时，先在砾岩上加上温水，然后以铁锄打击，小石、沙粒就很容易地离开本体，因此知道，石窟建筑非常怕潮湿。假如这种石窟建在西南的话，恐怕早已变成土丘，绝不能留存至今的。虽然敦煌雨水不多（平均全年约10毫米），但是有很大的风。春冬两季的风，起来的时候往往飞沙走石，一连几日黄沙蔽天。石窟峭壁上面就是鸣沙山的余脉，那座与窟平行、绵延直立、表面上呈现波浪形的沙山，就在这种西北风的扫荡中，把表面的沙石经过戈壁吹向石窟峭壁的几个缺口中，像瀑布一般淌下黄色的沙流，比砂纸还要厉害，这沙粒把暴露在断垣残壁间的壁画一层又一层地磨灭。那些流在最下面的沙粒，就把没有窟门的洞窟堆塞起来。往往一夜的风沙，会把昨日我们走过的栈道和走廊堆满了厚厚的沙层。这种摩擦，这种沙堆的重量积压，是崩毁栈道和崖壁的主因。

有时候，比如在一个平静的初夏午后，我们正在洞窟中静静地工作的时候，忽地会听见崖顶上脱落一些沙石的响声，继而一看就是一大块岩石崩落到地面……我们看到上面沙鸟或是白鸽正惊惶地向天空飞去了——原来这是小鸟爪子碰到了堆高的沙石而引起的崖面崩毁。

从敦煌文献上，我们看到武周、晚唐、五代、宋、元等代都有重修千佛洞的记载，但这些记载，都限于局部的个人洞窟。至于大规模通盘的修理，到现在还未曾有过。所以到目前不但"窟檐倾摧，窟壁断毁"，而且外面包护壁岩的壁画经过千余年来的曝晒和沙粒摩擦，已经剥蚀殆尽，因此崖壁已经全部赤裸。经常一阵风甚至一只小鸟的爪都可以引起坍毁崩裂的危险，如果遇着地震或大雨的时候，那就非常可怕了！敦煌的雨水大概都在夏冬两季，这几年来千佛洞的雨水比往常要多。拿去年来作例子，一冬就下了四次雪、一场雨。西北气候寒冷，下了雪往往会积留一两个月，甚至整个冬天也不会融化。千佛洞的雪也是如此，说它不化吧，但在中午的太阳下，还是慢慢地融化着。这种水分就慢慢地浸入砾石层而造成崖壁崩溃。去年 12 月 15 日下了一场雪，24 日在窟崖北壁 1200 米处坍塌了有 50 米大的一块崖壁。这里面有整个洞窟的毁灭，幸而这个洞窟是僧侣起居的寮房，是一个墙壁已经有了裂缝的洞窟。像这样的裂缝在整个崖壁上有二十余处，都随时有崩裂的可能，换一句话说，将有一二十个绘满了壁画的洞窟会无可补救地毁灭。五年来，研究所（经历了）从筹备成立、撤销、改隶中央研究院到归隶教育部的种种变化，人员不足，经费不充裕，我们已经做的一些修理，是轻而易举的木柱支架和泥巴堵塞工作，但经过三五年风沙和雨雪的侵蚀，证明这点表面工作是非常靠不住的。例如第 16 窟屋檐前一座离开了崖壁本体的大岩石，我们冒了危险非常吃力地加上几根木柱，暂时支撑着，想使这块千百吨重的石块不要跌下来。但是今年 1 月 15 日大雪之后，柱脚受潮松陷，那块大岩石倒下来，结果把第 17 窟门口南壁的不空羂索观音像毁损了一大半。同时那块落下来的大石已把邻窟（第 17 窟）的入口完全堵住了。再如第 246 窟，位于崖壁第三层，一个无法上去的洞子。1945年为了便于巡视，我们在第42窟前屋檐上修了一个土砖和泥巴的梯阶，使参观的人可以从第263窟的檐道上走上去。不料仅仅一年工夫，这个梯阶整个从第42窟窟顶上坍落下来了。此外第224窟，是位于第4层高处（约高20米），有曹延禄之世修窟檐题记的盛唐洞窟，是千佛洞仅有的30余个具有宝贵题记的洞窟中的一个。窟檐受了历年积储的崩溃下来的碎石重压，把一根支架在上面的横梁，从崖壁上去一米长的地方压断，使整个残破的窟檐歪斜倾倒，成了一座摇摇欲坠的"危楼"……诸如此类的险象，我可以继续一五一十地写下去。

现在千佛洞需要有一个紧急的修理工程，即一个通盘计划的全面整修工程。目前呈现在吾人眼目间的，似乎已到材料学上的危险断面。如果用武周圣历元年（698）重修莫高窟佛龛碑上所载那时候"计窟室一千余龛"来推断，现存427个窟室的寿命，恐怕不到200年工夫敦煌石室就会完全毁灭了。前年冬天美国善后救济总署欧彼得（Edwinv Poths）与芮鲁德（Luther Ray）同工业合作协会的唐逊（P.Townsend）先生来参观千佛洞。芮鲁德先生是工程专家，他对于千佛洞非常着急地表示，需要紧急修理，这样才可能将这许多无上的宝藏延存到比从开建到现在还要久远些。这里的气候是可以使现代工程发挥它最大效用的。"但是这种工程需一笔很大的款子呀！"他问我，"中国现在是否可能着手这类彻底的修理工程？"我回答他的是："我们应该要彻底修理，但是目前是否有这样的能力，那我不能回答。"最后芮先生在我的纪念册上写着"May God Continue to preserve the beauties of the Dung（Dun）

Waug（Huang）Caves"几个使我们痛心的字眼。对于一个生存其间负责保管的人，睁眼看到千佛洞崩溃相继的险象，自己又没有能力来挽救，实在是一种最残酷的刑罚。

六

今年是石窟藏经发现的第48年，再过两年是整整半个世纪，这已不能算是一个短时期了。我们对于千佛洞这个民族文化至高至上的结晶，那系连着5000年来黄帝子孙的内在的生命，似乎应该有一个办法，做一番不能再延迟的紧急兴修工程。这种工程，除去几个危险裂缝要迫切地支架住外，对于整个千佛洞，先要做一个补包岩壁外壳的基础工程，然后再修支架柱梁，恢复栈道走廊。像《唐大历十一年陇西李府君重修功德碑记》（编者注：应为《唐陇西李府君修功德碑》）所载："是得旁开虚洞，横敞危楼。"这种栈道走廊，可作为各层石窟的通道。连带着，我们还要把每一个窟门补修起来，然后再逐洞逐窟地做壁画和塑像的补修工程。国家要拿出一批不算少数的款子，也许要经过十年八年才能完成。

七

现在是塞外的深夜，我坐在元代及道光年间重修过的皇庆寺庙廊上写这些琐事，外面一颗颗细沙从破了的窗帘中透进来，正是：

"惊风拥沙，散如时雨。"那一粒粒沙子像南方春雨一般散落在砚台上。这种沙子是从荒原大漠漫无边际的瀚海中随着风浪流泻而来的。就是这种沙子，它盖没了房舍，填塞了水道，在不知不觉中使沙漠上的城市变成废墟，绿树变成枯枝。自古多少远徙边塞、站在国防最前线的卫兵戍卒，曾经在这种黑风黄沙中奋斗生存，人与自然的力量，决定着胜负消长！48年前（1900年）斯文·赫定在罗布泊沙漠中发现的楼兰长眠城，是消失于纪元后1世纪之初的为沙子所埋没了千余年的古城，这正是汉魏没落了的中国政治势力的象征。我们不要小看这轻微沙粒，它时时刻刻在毁坏千佛洞和宝藏，也就是中华民族文化能否万世永生的一个挑战！

编者注：原载上海《大公报》，1948年9月10日。

敦煌艺术

一　几句历史的话语

敦煌是甘肃、新疆交界处河西走廊最西的一个国防要口，是世世代代祖国儿女们用血肉所戍守的边防。

由河西走廊出玉门关，沟通东西交通的道路是以天山为界的南北两路。南路由敦煌到罗布淖尔转和阗（编者注：1959年更名为"和田"），越葱岭；北路经吐鲁番、库车、喀什噶尔，越天山。这两路都以敦煌所属的玉门关为出发点，所以敦煌便成了东西交通的要隘。汉朝班超出使西域，唐代玄奘三藏西行，元代马可·波罗东来，都是经过此地的。所谓"阳关大道"，所谓"春风不度玉门关"，就是那个时候形容敦煌在中西交通要道上给予人们深刻印象的光景。

敦煌这个历史的都城，一方面是文化荟萃的中心，另一方面是交通的枢纽。它自己有肥腴田亩，再往西去，就是寸草不生的无尽沙漠。西行沙漠的中古时代的旅客、行商和远征的战士们，必须将这个都城作为囤积粮秣和商货的地方，因此"货通胡羌，市日数合"，使敦煌形成了瀚海的良港。

敦煌艺术是产生在这样一个历史背景和地理环境中的。据唐武周圣历元年（698）《李怀让重修莫高窟佛龛碑》所记，莫高窟创建于苻秦建元二年（366），那时正当五胡十六国；敦煌是处于全国最平静的地区，这个祖国最重要的文化宝库因此得以保留下来。它是如今中国三四千年浩瀚的历史中用色彩和形象来表现的最美丽、最动人的一页。自从4世纪创建，一直到14世纪的元代为止，敦煌艺术有其整整10个世纪1000年继续不息的生发、滋长和分段演变的过程；它是中国艺术史上工人画与文人画分野中，属于画工们的集体创作，是英雄的劳动人民无上光荣的天才的表现。

二 敦煌艺术的源流

在上述这样一个历史背景与地理环境中所产生的敦煌艺术，是免不了要受到外来文化影响的。尤其是中华民族素来就有博大宽厚的融合力，这正是一个古老国家所以能"新陈代谢，万世长春"的基本条件。

敦煌在莫高窟艺术以前，显然存在着汉代艺术正统的典型。为了说明这一事实，我们在展览会中特别另辟了一个敦煌文物参考陈列室，陈列着辽阳壁画的摹本与 1945 年莫高窟附近出土的六朝前期彩绘墓砖摹本，由此可以证实敦煌以至于全中国，在佛教艺术传入之前，我们已具备着光辉灿烂的自己民族的艺术传统。

然而近 50 年来，美、英、法、德、日等帝国主义者在敦煌劫夺了我国的文化宝藏之后，那些资产阶级学者发表了许多荒谬言论，企图利用这些材料来引证敦煌艺术的光辉果实是出自欧洲希腊的源流。如那个洗劫了高昌库车壁画的德国文化间谍勒库克，在他的《被埋葬的中国宝藏》一书中说：

> 在公元前 370 年前，印度西北入新疆要路的加布洛河谷流域一带，称为犍陀罗王国的地方，在佛教最初传入的神像的形式还没有确定。后来由希腊印度混合族的人，模仿希腊所记的太阳神的样子，开始塑造最初佛像的典型。于是配合了他们固有的佛经神学，就逐渐吸引了信徒，普及到全印度并伸展他们的势力，经中央亚细亚而到达了中国。

我们伟大祖国的艺术传统，在发展的过程中，是曾经吸收与融合外来成分的。敦煌艺术中是有着印度佛教艺术的影响，但绝不是像勒库克所说，佛教艺术经过印度、中亚细亚而原封不动地到达中国。从西域的画风、敦煌的画风以及麦积山、广元一带的画风来看，我们有充分的证据来说明由西而东，民族艺术的成分是经过敦煌而逐渐加重它固有的性格与特点的。由于我们的文化艺术具有优厚的便于多方面发展的蕴藏，而能顺利敏感地接受外来影响，又进一步结合了民族的思想、感情和风格而丰富而发展，成为自己的东西。

三　怎样来认识敦煌艺术

从内容上来说，敦煌艺术主要是围绕着佛教故事及经典创作的。无疑的，宗教在当时起着麻醉人民和巩固封建统治的作用。从敦煌艺术创始的时代，统治中国西北部的北魏太祖拓跋氏，就是以提倡佛教为手段，企图把天国的神权和地面的王权联系起来，使人民服从神，也就是服从王。在当时社会的精神领域中，普遍受了佛教教义的影响，将秦汉以来"求仙入道，长生不老"的欲望，变为"行善礼佛""往生不死"的观念。一部净土《阿弥陀经》，传到了中国就改为《无量寿经》。于是艺术的内容也改变了，过去所采用的那种"鉴贤戒愚"和"颂功颂德"的零碎标榜题旨，改为统一的、总体的以如来佛为首的善行模拟，以佛本生经与佛传本行经所载的故事，来烘托出一个享尽人间富贵、快乐的悉达多太子。他为了世间不受生、老、病、死的种种痛苦，而以自己的出奔山林、苦行成佛来拯救世界。像耶稣被钉在十字架一般，这种"牺牲的善行"，在封建社会中起了不小的为统治者麻醉人民的作用。所以我们不难理解敦煌艺术的内容中，为什么会有这许多类似尸毗王的剜肉喂鹰、萨埵那的舍身饲虎和须达拿的施象被逐等故事。

但是这并不等于说敦煌艺术仅仅是宣传佛教的工具,这里更为重要的是:被压迫的人民通过被迫受雇而从事宗教艺术的创作,所透露出来的是自己的愿望、自己的感情和当时社会现实中的生活形态。

例如被隐藏在壁画角落所描绘着的、穿插在法华经变与佛本生故事画中的劳动人民的生活情况。作者是如此亲切而愉快地描绘着自己所熟悉的事物:耕作、洒扫、喂养牲口、推磨和拉纤……在西方净土变中,他们充分发挥自己丰富的想象,用极瑰丽的色彩来描写西方极乐世界,那虽然与他们的实际生活有着天地之别,却反映了他们对幸福的要求和愿望。例如在《宋国夫人出行图》和一些供养人像中,我们可以看到当时统治阶级的穷奢极侈。此外,供养人画像和非佛经故事画的地位和数量,随着朝代(更迭)逐渐提高和增加。这一切都说明了来自民间的画工们用现实的生活形象来代替空泛的宗教内容,"人"在壁画中代替了"神"的地位而逐渐成为主体。

这些被奴役被迫害的善良的人民艺术家,把自己的苦难寄托在描写菩萨的笔墨间。偶尔在大幅壁画的墙角下,我们可以看到这样的小小题字:"为先亡父母、见存妻孥祝福消灾,敬造菩萨像一躯。"类似的文字使我们仿佛见到,当时在荒凉无际的沙漠里的洞窟中积年累月劳苦工作着的画工,他们在为雇主祈福之余,也

莫高窟第254窟　主室北壁　尸毗王本生　（敦煌研究院供图）

莫高窟第303窟　主室东壁下侧　供养人牛车（敦煌研究院供图）

悄悄地、虔诚地企图通过自己忠实从事的艺术创作来为自己的亲人消灾。面对着高大、硬实不可移动的墙壁，作画的人是没有丝毫便利可取的。想想看，在一个阴沉暗黑、仅仅靠入口的阳光照耀的洞窟里，有时微弱的光线仅能辨识十指，画家在高达数十米的梯架上，仰天对着窟顶藻井，或匍匐在地面小不可容膝的洞角里，一点墨、一条线、一片颜色地把那些富丽堂皇的建筑、含有几百个到几千个人的大场面构图，严肃工整、毫不苟且地画出来，我们是应该向他们学习的。过去在西洋美术史上，我们读到文艺复兴时期意大利的大师米开朗琪罗，为画教堂、皇宫的壁画，五年的屋顶工作，不幸使他养成双目上视的残废病态。而在中国，在敦煌的 469 个洞窟中，该有多少不知名的"米开朗琪罗"在沙漠边塞中默默无言地完成他们光辉伟大、流传于世的创作。

敦煌艺术，使我们首先受到感动的，不是它的宗教内容，而是伟大的中华民族坚毅、朴厚的优秀性格。

这样伟大的艺术宝藏，如果不在敦煌，不在莫高窟 469 个洞窟里面，是不容易获得完全印象的。我们在北京看敦煌展览会时必须了解：今天陈列在眼前一幅一幅的小画，是从有组织、有布置的整个敦煌壁画结构中所割切下来的片段。实际上，敦煌艺术都是大块壁画配合了塑像、藻井、边饰及地面的花砖，与整个洞窟建筑结构不可分开地合成的一个整体。差不多每一个空间，都是荡漾着同样的空气与同样的情调，这种全盘的设计与整体的表现使身处其中的人，从视野的接触所发生出来的内心的共鸣，是具有一种不可抗拒的感人力量的。然而这却是中国士大夫阶级笔下、美术史上从来也没有提到过的无名画工艰苦劳动所创造、遗留给我们的最优秀的民族艺术传统。

编者注：原载《新观察》第2卷第9期，1951年。

从敦煌艺术看中国民族艺术风格及其发展特点

中国最伟大、最光辉的艺术遗产之一，要算西北甘肃省敦煌的千佛洞。从数量上说，敦煌的千佛洞有 400 多个石窟，如果把从北魏到元朝的每个洞里的壁画按画面紧密地平铺陈列起来，其长度可达 32 千米。若从该佛洞产生最早的年代（366 年）计算，至今约有 1580 余年。而且每个洞窟的壁画、雕塑，不论色彩、构图、形象，从其辉煌富丽的程度上可以看出我国造型艺术史上远从北魏时代起就把这些最珍贵、最有价值的艺术杰作保存起来，并流传下来了，成为我们现在人民艺术最宝贵、最丰富的遗产。

从敦煌艺术研究来讲，我们可以看出当时的中国艺术是受到了印度影响的。自北魏以迄隋唐，中国西北大陆上对外的交通，由河西走南疆，经过戈壁大沙漠到罗布淖尔，转和阗越过喜马拉雅山而达印度。历史上唐僧取经，也是走的这条道路。敦煌就是这条道路上的关口，去来的歇脚点。当时东西交通十分兴隆，敦煌艺术的基础就是在这样的条件下逐步建立起来的，而达到后来的大成。

远在苻秦建元二年，即公元366年时，是所谓"五胡十六国"的时代。当时中国本部受到边疆民族的侵略，而统治中国西北部的拓跋氏，在提倡佛教的名义下，把天国的"神权"和地面的"王权"联系起来，叫人民尊敬他，不仅把他当作帝王来奉养，而且还当作如来佛来礼拜，以达到统治目的，这是敦煌千佛洞创立的原因。从这原因我们可以体会到洞窟中的造像与壁画无非是统治阶级拿来麻醉人民的工具。所以这些洞子题记只有施主的姓名，而那些被压迫的在这些洞里绘制出了辉煌壁画的画工，却不见留有一个名字。

应该了解，处在"五胡十六国"的时代，封建主们干戈相见，年年征战，这些无名画家生活的痛苦是可想而知的。而这些艺术家们为了维持生活，在那些洞子里如奴隶一般地工作着，就使他们产生了逃避现实的出世思想。《魏书》描写当时人民生活的"尚寐无讹，不如无生"这两句话就反映了这种思想。这些艺术家虽然是被压迫者，然而他们的创作态度却是非常严肃的，并且为我国民间艺术的意识形态开辟了道路，尤其是在表现手法上获得了成就。

我们可以从最早北朝的壁画找到例证。前面讲过,中国艺术曾受到印度的影响,而印度又被希腊影响,希腊亚历山大皇帝把艺术带入印度以后,印度就有了"印度－希腊风格"的艺术作品。而我国北朝壁画的犍陀罗风格就是具有印度－希腊风格的,并掺和了中华民族的艺术成分而表现的技法。画家曹仲达所作的"曹衣出水"图,其中人物身披薄绸和纱,但仍可从紧密的衣褶下看出肉体,这就是"犍陀罗"的风格。这种风格的特点,就是人体上细微的线条表示着一种连贯、生动的运力,如六朝顾恺之绘画中的"春蚕吐丝",形象与线条生动、活泼。色彩方面,大抵以青、绿、红构成对比的调子,热烈而稳重,这是北魏时代艺术的一般表征。到了西魏,艺术风格虽大体相同,但已减少了一部分旷达、粗野的力量。

隋朝统治虽只有37年的历史,但在敦煌400多个洞窟中,建之于隋的有90窟,约19%。中国艺术——根据敦煌遗迹的研究——由印度传入后至唐朝才始渐形成具有中国民族气魄的艺术风格,自北魏至唐朝之间,隋朝恰是其中的桥梁。拿造像做例,如果说,北魏的造像长身、细腰富于纤细的风格,那么隋朝的造像却已慢慢变为壮实、丰厚,并为后来唐代艺术之发展准备了条件。隋文帝统一了南北朝以后,他由西域请来了尉迟跋质那等画家,倡导了佛教艺术。而当时汉族画家展子虔除受了他们的影响和感染而外,他自己也发挥了创造性。从隋代壁画中可以看出,展子虔的作品已达到"细描色晕，神意具足"的程度了。

由隋到唐，有了长足的发展。敦煌的壁画和塑像，以唐代最丰富，四百余窟中，唐窟占43％，约有二百余个。唐朝统治由盛至衰历时近三百余年，现分初唐、盛唐、中唐、晚唐四个时期概述如下：

自唐高祖掌握了统治权起，此后约100年间，即由公元618年至712年是为初唐。初唐的艺术风格虽然仍保持着隋朝的风味，但是壁画的内容却起了不小的变化。为了说明这个变化，我们先以唐朝以前的壁画主题做例子。六朝壁画内容大都含有一定完整的故事性，如"舍身饲虎""白象""割肉喂鹰"等即是。

"舍身饲虎"是取材于佛经上萨埵那太子故事的，各个画面都反映了太子血和肉的牺牲，仅为同情一个哺育着七只小虎的饥饿母虎，为了救活幼虎，使它们能吃到母虎的奶，太子就舍身喂了母虎。"白象"是须达拿太子的故事。据说这只白象是勇敢无敌的无价之宝，太子看见七个步行的穷人走得太疲乏了，他就把这只白象送给了他们，后来却遭受了极大的灾害。"割肉喂鹰"的主题表现了尸毗王救生的故事，一只鹰欲捕食一只鸽子，而为尸毗王所见，他估计鸽子的重量约有二斤（1公斤），就从自己的腿上割肉二斤补偿喂鹰，以救鸽子的命。

诸如此类的故事，反映了唐代以前模糊的"舍身成仁"的思想。

莫高窟第254窟　南壁　萨埵那太子本生　孙志军摄影（敦煌研究院供图）

到了唐朝，壁画内容起了很大的变化，人们的思想从无谓的"舍身"转变为把希望寄托在"下一世"。虽然这仍是逃避现实的出世思想，但是较"舍身饲虎""割肉喂鹰"的苦行则大有不同了。唐朝的壁画约有80%表现了以净土宗为内容的主题。如大壁画净土变即是取材于表现西方净土的《阿弥陀经》。这是一幅大的构图的画，表现佛在讲经。佛前有供台，下为听众，有乐队，有舞蹈，两旁即为经中所讲的故事，配有伎乐、供养、花果、乐器，因而形成了所谓天花乱坠的庞大画面。类似这样净土变的壁画，代表了唐代的艺术。所谓的变相就是以图画来解释佛经，把佛经通俗化。除"图变"外，唐时还有"文变"，亦称变文，把佛经变为能说能唱的五言偈语，是佛经通俗化的另一办法，据说这就是中国说唱文学的起源。不论这是否事实，从唐朝起绘画向雕塑发展，变文向说唱发展，是可以看出来的。唐朝的伟大不仅因为那些艺术家创造了艺术，而且在创作主题上由绝对的消极转变为比较积极，给人们以若干希望，这在封建社会的时代里，不能不算是一点进步。如"七宝池中的莲花"这一类的画面，在莲花中绘有小孩，这表明了人们"往生灵魂"的超度，不像隋朝壁画那样叫人做无谓的牺牲。

初唐的特点，除艺术风格继承了六朝和隋朝的风格而外，壁画内容又有了如上述的变化。这一时期的名艺术家阎立本、阎立德两兄弟和尉迟乙僧等人都是代表作者。

盛唐始于玄宗，为武则天以后唐朝鼎盛隆昌的黄金时代，大约由公元713年至765年。^①在这53年中，艺术风格较初唐时又有不同。由敦煌壁画中我们可以看出，盛唐时代的作品已具备了雄健、开达的作风，在创作方法上也走上了写实的道路。六朝时代的作品多趋于象征，"人大于山""水不容泛"都含有漫画扩大的意味。而盛唐时代的艺术作品，由敦煌壁画看起来，却由象征跨入了写实，在许多大型的集体创作的壁画中，其人物的比例、透视——如山水的远近、界画，如造像的解剖，等等，均在表现手法上推陈出新，创作更见合理，这在当时可算达到了顶点。虽然壁画的内容上仍脱不出神的范围，可是我们应当这样理解：画面上的神确实为人的化身。

由公元766年至820年，是为中唐，敦煌壁画发展到另一个趋势，即由大题材的集体描写转为专题描写，如画女人、瀑布、山水等等，手法相当精细，但在画面上稍见拥塞。中唐时代虽然政治、经济日趋衰落，艺术上的进展远不如前，可是较之晚唐犹胜一筹。

自公元821年至906年是为晚唐，在这一时期由于唐武宗对于佛教设施有所毁坏，敦煌的艺术亦不见有更新的发展。

唐亡宋兴，宋朝设有画院，作品富于装饰风格。从艺术风格

---

① 编者注：史学上盛唐指的是从唐高宗时代到安史之乱爆发前，文中盛唐所指时期是按照敦煌石窟艺术进行的分期。

上来讲，敦煌壁画可以说明这样一系列的演变，即是六朝的画表现了象征，唐趋于写真，宋则追求装饰，而到了元朝的密宗画就比较颓废了。

　　总之，从 1500 年前的敦煌艺术来看，历经了上述的许多变化过程，这也就是与每一个时代政治、经济相互影响的发展过程，我们可以看出我们中国民族艺术的特点，即在绘画上早就有了线的创造，在艺术上说，棱角即是线的存在。如吴道子名作的"吴带当风""春蚕吐丝"，线的表现就具有"运力"的具体表达。从敦煌的画看来，线不是孤立的，而是帮助一定的形象而存在，因此，线又不是抽象的，它具体地存在于铜器雕刻和回纹上面。线并非无光无形的东西，线因光或物体的运动而会起变化。敦煌壁画，用红土勾勒，然后再涂色，有光与线之分，这就证明了那些认为中国壁画就是平涂、没有凹凸的说法，是不大妥当的。从敦煌古壁画又可以看出它是用了重色先画衣褶，然后用淡色涂之，在平涂之下仍可显出凹凸，绝不是一般所谓的单线平涂。所谓中国画无立体的、无光暗的感觉之说，完全被敦煌艺术否定了。

　　我们可以这样理解，从敦煌艺术的研究知道，中国民族艺术在历史上很早就有了辉煌的创造，这就是线。而这个线，既非日本人藤田嗣子口中庸俗化的线，也非法国资产阶级野兽派的线，亦非目前所谓的单线平涂，敦煌壁画中的线是帮助形体、光暗、色泽三者共同存在的具体轮廓。总的说来，即有线有光，有光有线，线与光色融合组织而成形象。所以线可以根据光暗有粗细之分，可以根据色泽有浓浅之别，线更应该根据物体的色彩而随时随地地变化着。这就是中国民族艺术的特点，是我们应该学习与发扬的遗产。

目前一般所谓的单线平涂，是来自于木刻，实际上木刻是黑白对照比较强烈的东西，在刀锋与笔触上用功夫。在革命斗争中，由于木刻易于表现艺术上的对比方法和易于印刷，就成为斗争中的有力武器。在老解放区，敌人被消灭了，当时人民从事生产建设，人民的生活是愉快的，因此黑白对照的木刻的阴纹改为阳纹，成为"单线"，上色就是"平涂"。此一方法，随着中国革命的胜利，一切印刷出版方面的条件有利于木刻发展为年画，这是提高了一步的进展。但是在技术方面，今天的单线平涂还可以从原有的基础和成绩上再提高一步，如何提高，那么具有民族特点的敦煌艺术，足可以供我们借鉴与研讨。

编者注：原载《艺术生活》1951年第3期。

敦煌艺术的源流与内容

敦煌艺术，在创始时期就已经达到高度的技术水准，显然的，它不是从敦煌石窟中发生滋长的原始艺术。因此，谈到石窟艺术作风，不能孤独地在敦煌就地分析，孤独地只限于敦煌本身。一个正本清源的问题，这里有它必然的需要。

首先要解决的，就是敦煌艺术的来源问题。

在汉武帝时，敦煌就是一个总绾东西、"华戎所交"的都会。随着政治、经济的开拓，文化也一定不会没有它发展的面貌。从历史上，我们看到敦煌在汉朝的时候有张奂、张芝，晋朝有索靖，南北朝有刘昞，隋唐时有薛世雄及沙门竺法护，等等，都是著名的文艺与政治方面的人物。这不但说明了敦煌当时文教的昌盛，而且使我们理解了敦煌应该有莫高窟前期艺术存在的必然性。

不幸的是这个僻处边塞的小城市，在不断地受到敌人的攻击与几度陷落的灾难中，倾圮了的汉唐城池，经过长时期的流沙风雪剥蚀，现在仅存几个黄土堆，是唯一标志着"华戎所交"都会的古迹了！

为了探讨一点敦煌艺术前期的消息，1943 年由夏鼐、向达、阎文儒诸先生主持的考古发掘队，曾在莫高窟附近的废墟和古墓中做了一番新的发掘工作。限于经费和人力，虽然在佛爷庙附近墓穴中发现了充分保持汉画风格的六朝前期的彩画墓砖数百块（该项砖石由夏鼐先生复原存于敦煌艺术研究所），已经获得在佛教艺术前期敦煌艺术作风的若干启示，但是还没有找到大家所渴望的进一步的证据。直到现在，我们做敦煌艺术工作仍还只限于以敦煌艺术本身为出发点。当然在这里，我们同意向达先生的意见，敦煌艺术应该包括莫高窟（即千佛洞）、榆林窟（即安西万佛峡）、西千佛洞，这三个地区要作为一个系统来看。这个三位一体的艺术系统，因为莫高窟规模的广大与它所包含的历史内容和艺术形式的丰富，我们大部分是以莫高窟为尺度来展开工作的。

二

今天谈到敦煌艺术的人，都免不掉要说到它与希腊、印度犍陀罗艺术的关系，但另一方面却忽视了它与祖国民族艺术一脉相传的事实。

我们知道中国艺术的长成与发展，早在夏、商、周、秦的时期。而壁画的创始见于史籍的已有明堂画着尧、舜、桀、纣肖像的壁画。今天根据殷墟、乐浪以及辽阳出土文物的高度技术水准来说，中国造型艺术的各部门早在四五千年前已达到它正常发展形势的事实也是不可否认的了。不过这里还没有搞清楚的就是甘肃仰韶期中国原始社会的彩陶文化到三代青铜时代的中间，似乎还应该有一段民族艺术的启蒙时期，尚未为今人所发现。这个历史的悬案，有待于考古学者的努力。

从三代以后出土的铜器、漆器的纹样来看，反映着当时人类的生活似乎可以分为两类：

第一类是严肃工整的饕餮、螭夔纹的三代铜器。这是高度技术的象征纹样。这种高度的技术透露出当时人民生活的意识：人类在长期与自然的搏斗过程中，尚留有对于猛兽的恐惧心理，而借此提高自己的警惕。这种纹样大都严格刻板地对称布置，铜器本身线条的硬直与锋利，给我们的感觉是当时奴隶社会喘不过气来的拘谨板滞的气氛。

第二类是从乐浪与长沙出土的漆器以及辽阳等地发现的汉墓内的壁画，这些作品，大部分描绘流利奔放、气势飞动旋转。中国艺术到了汉朝，把那庄严、厚重的三代文化逐渐推向写实的道路，在造型的具体表征上可以说是进一步达到了生动活泼的境界。

这时候，配合着生活与造型建筑有各种式样的绘画。我们知道，记载着的有楚先王庙、公卿祠及鲁灵光殿描绘"山川神灵"的奇伟谲诡与"图画天地，品类群生"热闹场面的壁画，阿房宫与未央宫在承明殿所画的"屈轶草，进善旌"等壁画，以及汉武帝时在甘泉宫所画的"天地太乙诸鬼神"，汉宣帝时代"单于入朝"，等等，一直到辽阳的墓穴壁画，我们应该确实地了解中国壁画艺术在距今 2000 余年前已经达到它成熟的叙事史画的高度艺术水准了！

三

就是这个时候，佛教在印度阿育王死后的衰败情势下，经西域传入中国的内地。

佛教本身像其他宗教一般，开始的时候并不具备着一定的艺术形象。公元前 4 世纪左右释迦死灭之后，阿育王为了纪念释迦生前的圣迹，使巡礼拜佛的善男信女有所寄托，在公元前 3 世纪的时候曾建立了数十根铭刻着佛经文典的石柱，作为传布和崇信佛教的一个中心象征。当唐玄奘去印度的时候还存有 30 根柱子。

与阿育王石柱同时的，是借亚力山大王东征的胜利侵入中亚与印度内地的希腊王国所谓"亚历山大里亚"（编者注：即塞琉古王国）的建立。这个新政权的建立，随即把所谓希腊文明的形式灌注在北印度犍陀罗地方。因此石柱的形式与内容更丰富起来，从而演变成塔婆（即浮图塔）的形式。所谓阿育王建造的石塔 84000 个，就是进一步在质量上提高的表现。内容方面，除了经典铭文外，还刻画着佛传故事形象，使枯燥严肃的经典内容同时具备着优美活泼的形式。这种初期的佛教美术，大抵带有装饰风味的佛生前圣迹的叙述，那是与凡人一般，是释迦生前的故事，并无丝毫偶像观念的。如佛陀伽耶（公元前 100 年）释迦成道古迹的圣树、佛座等。

一直到汉灵帝光和二年（179）大乘佛教创始之后，迦腻色伽王才开始铸造佛像。《般若三昧经》上记载着：

> 复有四事，疾得是三昧，一者作佛形象，用成是三昧。常造立佛形象。

这是人们起始把"大无边的佛法"与"佛力"在一个可以用形象表现的范畴中表现出来了。

关于这个佛像历史的开端，玄奘三藏在《大唐西域记》的"梵衍那"条上记载着：

> 王城东北山阿有立佛石像，高百四五十尺，金色晃耀，
> 宝饰焕烂，东有伽蓝，此国先王之所建也。

梵衍那在今阿富汗的巴米扬地区，是古代印度西北犍陀罗与
巴克特里亚（即大夏）中间的唯一通商大道。大佛就开凿在这个
通道上，佛高 53 米，这是最原始的立佛形式。这个立佛形式，据
关卫的《西方美术东渐史》所载：

> 又大夏的地方，早就有许多希腊人住着。所以关于堂塔
> 的建筑和佛像的雕刻，多成于希腊工匠之手，一时造型艺术
> 大为发达，这便是所谓犍陀罗艺术。有了这样艺术之后，才
> 有佛像制作的流行。即最初制作佛陀的尊像的，乃希腊艺术
> 家。所以最初的佛像，无论是面貌或服装，都完全带希腊风。
> 佛陀的尊像同阿钵罗（Apollo）的神像一般，无论是头发、
> 面相或衣服，完全是希腊、罗马式。

这个糅合了印度佛教教义与希腊艺术形式而产生的犍陀罗佛
教艺术，在新生滋发的情形下，以下列三条路来传流：

1. 从犍陀罗的大月氏国越葱岭经西域而传入中国。

2. 南下回返到印度而与印度本位艺术相结合造成印度 – 希腊

艺术。

3．西行波斯，经过萨珊王朝（Sassanid Empire）发扬光大，融合希腊罗马的古典形式而形成了辉煌的拜占庭（Byzantine）艺术。这是糅合东西文化精粹的艺术形式。

这里不能忽视的一个现象是，印度佛教随着阿育王的逝世，早已走上衰退的道路。犍陀罗艺术，虽然按照上述三个方向传流，但是实际上能存在而滋长、生发的道路只有走向东方的中国与西方的欧洲。

中华民族是具有无比丰富的融合、吸取与感化异族文化力量的。

当公元 2 世纪后半期佛教的中心已逐渐由印度转移到大月氏国的时候，迦腻色伽王为了在中国推行佛教，派有名的高僧支娄迦谶与安世高为首率领着西域的佛僧来到中国，从事各种译经与传教活动。随着佛教输入而来的异族文化，如胡琴、胡笛等，一般已为中国朝野所爱好而仿效。尽管汉灵帝喜欢胡服、胡帐、胡床、胡座、胡饭，但到了标志意识形态本质的关键，我们的祖先即毫不犹豫地批判了是非取舍，决定了民族立场而知所适从。例如莫高窟表现最多的《阿弥陀经》，当其在北魏初期传入中国之后，却把那一个题旨配合了当时王公贵富求仙成道、长生不老的愿望，索性把阿弥陀佛改为无量寿佛了。这个事实证明了伟大民族的本质，是怎样用自己的观念来体味印度佛教的教义的。所以羽田亨在他的《西域文明史概论》中说：

> 西域佛教并非纯粹的印度佛教，须加上其变化。

四

佛教文化自西方经旧时的路线来到了中国。从现在尚存的古塔可以看到南北两条路线。这两条路线上，至今尚遗留着北路以库车、克孜尔为主和南路以于阗、米兰等为主的多少含有贵霜王朝犍陀罗艺术系统的艺术遗迹。但从那些壁画的特质看来，标志着7世纪左右唐代风味极盛的用色、描法以及内含的对象与人物，我们无可怀疑地认定它是中华民族文化向西域流布的反映。西域，我们知道，偏处深山旷漠，一直为游牧（民族）与其他少数民族所居住着。那边人民的生活方式，动荡的政治局面，个别的宗教形式与不定型的文化成分，在那里是佛教、耶教（编者注：即基督教）、回教、摩尼教错综复杂地展开的地方，艺术的发展是要受到限制的。

如今还存在着南北两疆在西域通道上（如库车、焉耆、吐鲁番、和阗、尼雅、米兰等处）的佛教艺术，那简直就是受了汉唐文化影响的。

格鲁兀得在劫取了中华民族艺术宝藏之后，与勒库克同样以武断的抹杀事实的见解，把新疆艺术分为犍陀罗（库车）、古代土耳其、近代土耳其（即回纥式，吐鲁番附近）与喇嘛式（即西藏式）四种。这些侵略者是如此的荒唐，没有把整个中华民族的文化形式列在其内。

只要看一看现在的敦煌艺术像历代美术史陈列馆一般的具体例证，我们就不难了解中国艺术传统是如何在汉唐文化交流的十字路口，启发它光芒四射的民族特性的。

敦煌，不但是现今中华民族文化的宝库，而且是汉唐保留民族传统的都城。汉末黄巾、董卓大乱以及南北朝中原的杀戮，使这个偏处边疆的文化古都成为士大夫避难的乐园，因此一直保留着汉代正宗的文化传统。这个没有被战乱摧毁的民族文化中心，像南面的荆州、北面的北京与东面的会稽一般，到后来都成了复兴民族文艺的主要刺激力量。

敦煌，不但保持了民族传统的特点，而且它地处古代中西交通的要道，也就自然地形成了中西文化荟萃的都市。中央亚细亚经过西域传来的西方文化，据关卫在《西方美术东渐史》推断：

> 中央亚细亚的东南部，即西土耳其斯坦的突厥族，我们可以肯定地说，他老早就熏染了希腊、罗马系统的艺术的文化。又就地理上的关系说来，他受波斯的感化亦必很深，即

他也曾从波斯的安息国吸收过希腊艺术，也曾从萨珊朝吸取过欧罗巴系统的艺术。

一个如此含有复杂系统的文化潮流，来到了这个没有被战乱所摧毁而保持完好的中华民族文化中心敦煌之后，祖国伟大而优秀的传统文化，自汉魏到六朝这一段长时间是这样机智地、批判地、融会贯通地接受并且融合了外来的文化。

佛教艺术从印度、梵衍那进入新疆经南北两路而达敦煌糅合了民族特质之后，又分南北两路散布开去。南路经麦积山、泾州、广元、大足到乐山。北路经云冈、龙门、巩县、天龙山到响堂山。从这两路散布开去的艺术迹象来看，民族形式的飘带、衣褶及形体的更换、内容的蜕变各方面，是愈益接近中原，愈益充分表现了民族特色的。

敦煌是远处边陲的民族文化的前卫，也是首先给错综复杂的外来文化以冲刷洗练的第一站。

五

现在我们从敦煌壁画中看一看佛教艺术传入中国之后的演变情形。

显然的，佛教文化传入中国之后，中国艺术无论思想内容还是技术等多方面都会受着相当影响，但这个影响是仅止于个别的"流"的方面，而不是本源的问题。

从思想方面说，印度佛教教义的那种消极"无为"的思想，是不能为当时的人民所接受的。这里，从隋唐时代壁画中以西方净土变来代替佛陀本生牺牲故事这一点可以得到几许线索。如上面已经讲过的，他们在北魏初期就把阿弥陀佛改为无量寿佛，正说明了佛教教义在那时候已把适合秦汉以来当时朝野求仙入道长寿的愿望改变为行善礼佛、往生不死的观念。

从内容方面说，也是随着佛教思想的转变，把过去鉴贤戒愚、颂功扬德、零碎标榜的对象变为统一的以如来佛为首善行的模拟。以佛本生经与佛传本行经等方面来烘托出一个享尽人间富贵、快乐的太子，为了不愿世界上有生、老、病、死的种种痛苦，而以自己的出奔山林、苦行成佛来拯救世界。像许多宗教的教主故事一般，所谓"放下屠刀，立地成佛"，所谓"万善同归"那一类封建道德在过去封建统治的矛盾社会中，起了不小的便利于奴役与剥削广大劳动人民的作用。

我们不难了解，为什么六朝的壁画中有许多本生故事画以及在隋、唐、宋、元有规模宏大的经变故事画的缘故。那时候王公贵富，那些已经享尽人间豪富的统治阶级，为了更进一步地巩固与发展自己不尽的欲望，他们用尽一切权力与财富来支持这个宗教的社会地位。他们支持佛教，是为了要巩固自己的统治政权；他们支持佛教，是为了要修炼来世的荣华富贵。

因此人民生活不能借此获得幸福，那些处于"水深火热"之中的"民不聊生"的被压迫、被剥削的现实环境中的人民，他们的"苦劳怨曲"，他们的"生老病死"，并没有像悉达多太子出游四门时所遇到的人们为当时统治者所注意。于是亿万个被束缚在"劫数难逃的命运"中的劳苦大众，在无可奈何的呻吟叹息中，只有拿释迦如来生前苦行的往事，来作为自己做奴隶的榜样而"随遇而安""听天由命"地在压迫下过活。

就是在这样悲惨的阴影中，无数劳动人民被奴役地用自己的血汗，一代又一代，在两三千年漫长的封建统治下，造就了世无匹敌的伟大的文化史迹。敦煌莫高窟就是在这样的时代利用人民对于宗教的信仰而创建的石窟寺。

莫高窟在今敦煌城（清雍正三年即公元 1725 年修建）东南 20 公里的地方。它修建的年代，根据现有的文献记载应该介乎公元 353 年与 366 年之间开始，从 4 世纪的北魏一直到 14 世纪元朝的 1000 年间。各代修建的洞窟在唐朝的时候共有千余个，经过长久的毁损，现在据我们整理的结果，存在画壁及造像的石窟共 469 个。这里面包括魏窟 22 个，隋窟 90 个，唐窟 206 个，五代窟 32 个，宋窟 103 个，西夏窟 3 个，元窟 8 个，清窟 5 个。这许多不同时代创建的洞窟，洞窟结构及壁画造像形式方面，都具备着各不相同的特点。北魏洞窟形式都是模仿印度支提的制度。前面入窟的地方凿成与屋宇一般的人字披间，这是一个便于礼佛跪拜的前庭。窟的后半部有一个龛柱，即中心柱（Autel Central），这是为进香礼佛时沿用着印度礼佛习惯做回旋巡礼（Pradaksina）时用的。隋朝的洞窟大约可分两种：一种沿袭北魏的龛柱形式，一种是中央平广而三面有龛壁的形式。唐朝的洞窟只有入门相对的一面神龛的形式。五代宋以后，可能由于莫高窟的建造日益增加窟的结果，仅有可以造洞窟的地方已全被修建用了，因此就把早期的洞窟修建改造。这些被修建改造的洞窟，大都是早期魏代的洞窟，他们为了便利及减省工作起见，就把龛柱改造成为须弥座及屏风而另创了一个洞窟的形式。

这些各时代的洞窟形式，都有它们各自的内容配置。如魏、隋大都以千佛为主体，间杂了佛本生经——须达拿、尸毗王、萨埵那等那些流行的佛传故事画。千佛与故事画之下，照例有供养男女及施主的画像，并有时配列了边缘的花纹。下面墙角上则大概是魏代壁画中已有的金刚力士。隋朝的洞窟，除如上述的配置外，有时在神龛的左右侧还画出原始形态的维摩诘经变，这是唐朝经变画的开始。唐朝显然以经变为主体。初唐经变的形式，开始的时候有几个洞窟是把维摩诘变等简单的经变画在神龛内部弟子和菩萨塑像的后面。整个巨大富丽的经变包含着许多有趣的故事，其生动活泼的各个场面与中央佛堂上庄严肃穆的佛说法形式巧妙地组合成了一个对比。四周配合着净土兜率的天地与金碧辉煌地矗立在宝池中的楼台建筑，加上飞天、菩萨、伎乐与舞蹈等，画面就变得非常富丽紧凑。

晚唐五代仍旧沿袭旧的形式，由于张议潮、曹议金的政治权力与财富，洞窟规模、壁画技术都有宏大、富丽的表现。到了宋朝，莫高窟砾崖可以修凿洞窟的地方已差不多全为前代所占据，为了修造自己的功德窟，他们不惜把前朝已经修造好的洞窟涂抹而重绘。当时在发达的商业资本和货币资本影响之下，在物质需要已超过神灵感召的信仰之下，佛教艺术显然已走向衰败的道路，那些壁画所表现的内容与形式多半是贫乏而单调的，重复的千佛与简单的颜色，今天给我们的整个印象只是均一整齐的图案趣味。

元朝虽然在文献上有过重修莫高窟与皇庆寺的碑石，但洞窟的数量很少，所表现的密宗曼荼罗壁画在技法上也许有不失精密加工的成分，在艺术的质地上，一般说来是走上比较退步的道路了。

六

敦煌壁画虽然是以佛教内容为核心来表现的，但是因为佛教宣传的对象是人世间的人，所以重要的表现内容是以人物为主的。这里从北魏初期的故事画一直到唐、宋间大规模的近千余人的构图场面，每一幅都经营、布置得非常紧凑而生动。

初期的北魏壁画，如降魔变及尸毗王本生故事等，虽是反映着佛教艺术传入以后的影响，多少还是含有粗野、旷达的风味，但构图上严密的组织性的主题烘托，却已到达了甚高的境界。例如北魏第254窟壁画萨埵那太子本生故事，就是一个最好的实例。这幅画中没有时间与空间的阻隔，没有树石房屋的穿插。人与人，动作与动作，密密排排地堆叠为一幅思想意识与内容、技巧天衣无缝的杰作。这幅画的作家，是如此聪明、巧妙地把萨埵那太子出猎、刺血、投身喂虎以及萨埵那两个哥哥发现弟弟的死尸后悲哭、埋骨、造塔等八九个不同场面与不同的时间，在一幅画面的一个空间上全部表现出来了。画面上的色与线、形体与内容，以深棕色的色彩加重了严肃、沉重的气氛，表现出这是一个悲剧，是一个阴森森的佛教故事。

同一个故事，第428窟却是用另一种方法表现的。这是采取了民族传统形式，即承继武梁祠石刻与卷轴画的办法，把全部故事情节原原本本地罗列在连续的条幅上。一般故事的叙述是自左至右与自上至下作"之"形的连续。第428窟的故事画在入窟东壁的南北两侧，南侧的是萨埵那太子故事，北侧是须达拿太子故事。这两壁故事画是横幅卷轴式，每一个故事分三条横幅来描写。南侧的萨埵那太子故事是从观者右方开始的，北侧的须达拿太子故事是从左方开始的。一个是自右至左、自左至右、自右至左的连环。一个是自左至右、自右至左、自左至右的连环。仅仅从这个排列的次序看来，壁画艺术的多变与灵活的运用是十分机智的。这里充满创作的智慧，无论边饰、藻井及人物的配置，都没有一个教条与呆板的规律。为了详尽动人地说明一个故事，我们的艺术家知道如何掌握题旨的重心，把主体的人物配合了山林、房屋，一层又一层地夹隔着，连环而又个别地表现出来。这些穿插的山水树石，与其说是自然景物，不如说是每段故事的美妙序幕，他们是如此样子不多不少地去处理故事的主题与配景。这里的萨埵那本生故事画比较详细地罗列了13个情节：

① 波那罗、提婆、萨埵那三位王子出猎前告别父王摩诃罗陀。

② 三位王子并辔向园林行进。

③ 三位王子试猎打靶。

④ 三位王子有预感。

⑤ 三位王子更前行。

⑥ 三位王子见饿母虎及七小虎。

⑦ 萨埵那太子动了救虎意念，劝其二兄先行。

⑧ 萨埵那太子解衣卧虎前，虎因饥饿无力食人肉。

⑨ 萨埵那太子起身立山顶，以干竹刺头出血，从悬崖投身喂虎。

⑩ 二兄不见弟在，折回原地，见其弟尸骨，惊惶悲号。

⑪ 二兄驰马归途。

⑫ 向父王报告萨埵那喂虎情形。

⑬ 萨埵那成佛。

这 13 个连环故事的过程是按照下列次序排列的：

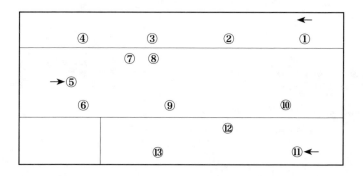

　　如上排列着故事的 13 个阶段，作家聪明地处理主题与配景，甚至于每一个场面的人物表情都纤细逼真、毫无疏忽地刻画着。第 10 段二兄折回在萨埵那尸首前惊惶悲痛的表情，随着两个扑身向前的动作，是如此样子真实地把丧失了弟弟的两个同胞兄弟的悲痛心情全部显露出来了。像这样大胆地配合线条与色彩的调和、虚实天地的布局，动而不乱，疏而不散，密而不挤，静而不空……

莫高窟第428窟　东壁北侧　须达拿太子本生　孙志军摄影（敦煌研究院供图）

这使我们想到张彦远在《历代名画记》上论到的六朝山水：

> 其画山水，则群峰之势，若钿饰犀栉，或水不容泛，或
> 人大于山。

这说明了以人物为主题的构图中山水的地位。为了加强主题的力量与人物的重要性，在上述的连环画中，我们又为什么一定要求作者要"人小于山""水能容泛"，像后来《清明上河图》那般平铺直叙看不见主题呢！

这种"人大于山""水不容泛"的古代作家含有突破拘泥规律的大胆作风，到第249窟北魏后期作品时，是完全配合了中国古代神话传说《山海经》一类幻想的：随着云彩飞驰奔腾的天体，各种神怪、龙魁、羽人、天狗之类在转动，穿插着天花、星宿，真是已经做到画面上"动"的境界了。如同长沙出土的战国漆器上所绘的动物模样，如同辽阳与通沟墓壁画中飞人、奔马一般都充满了运动回旋的力量。这其中，飞人、飞马有飞奔驰行的效果，就是散布在主题以外的天花与附着在人物上的飘带等等，都是造成全画运动中不可分离的力量。多少年来我们只能在书本上找寻，用文章来议论。这正是5世纪时南齐谢赫在他的《古画品录》所发表的"六法论"中列为第一"气韵生动"的显明证例，也是中国美术史上主要问题的一个答案。

六朝壁画中除了故事画之外，作为洞窟壁画供养主题的贤劫

莫高窟第249窟　窟顶北披　羽人（敦煌研究院供图）

千佛的配置，虽然是平铺直叙地罗列无数千佛在大块画壁上，但是用色的间隔和参差调配方面，仍然没有疏忽构图上统一变化的原则。此外，藻井边饰图案与力士、供养人的适当配置，在大部分赭红色的壁底上，显现出十分调和的整体性。

从初唐到晚唐，在 7 世纪到 9 世纪这长达 300 年文艺发展的情况之下，那作为过渡桥梁时期的隋朝简单经变场面，由四五个人发展到四五百至千余人的大经变。这里，经变的主题虽然在大体上是以佛说法为中心，环绕着菩萨、天人、伎乐、舞蹈以及琉璃七宝的供养，但是表现最入情入理而体贴到每一个时代生活的，却是穿插在大经变四周空隙中，如《譬喻品》之类的故事画。这些故事画已不同于北魏及隋朝那些以佛传为主或以牺牲为主的仅限于佛教的内容，它们是结合了现实人生各种题材的内容，除西方净土变的"未生怨"与"十六观"之外，其他报恩、药师、观音等经变故事，穿插着"鹿母夫人本生""九横死"和"十二大愿""普门品"等各种曲折离奇的故事。那些故事的本身就是一篇美丽的诗。从壁画的描写中，我们体会到历代的画工们是如何用自己洋溢的热情表达这些美丽诗史的场面。例如报恩经变中有这么一段故事：

　　尔时太子于利师跋城于果园中，防护鸟雀，兼复弹筝以自娱乐。利师跋王女见太子，心生爱念，愿为夫妇，遂两目平复。

这是叙述善友太子被其弟刺瞎双目，在果园中做防鸟雀护果园人的时候，利师跋王女儿见而生爱，他们结为夫妻，善友太子双目复明。

在画面中，我们可以看到唐代壁画作家是如何样子来处理这个类似"田园交响曲"场面的：

在浓荫披罩的树荫下两个对坐絮语的男女，一个人手作抚琴的样子，疏疏的几笔，把整个故事的要点表现出来了。在这幅故事画中，我们并没有感觉到佛经，也没有感觉到神与菩萨，那是"人"的"世间"的一幕平常的喜剧，一幕离开了宗教空气如此遥远的抒情诗歌！

要指出唐代壁画的另一个特点，是代替卷轴式连环画的横幅描写，唐代发展到整个画面上下左右的全般布景。洞窟中没有窗户与门堂，大块画壁，在唐以前多半遮饰着千佛与故事画，到了唐朝初期，这样大幅的画壁，都整整齐齐地画着全幅大块的经变图画。这些经变图画大部分都配合了楼台建筑与树石山水，居中是说法的佛，周围环绕着菩萨、天人、供养伎乐与舞蹈乐队，加上四周配合穿插着各种主题的故事……这里整幅经变是在严密紧凑的布置中叙述了经文内容，一个佛教徒理想的世界从画家所体验出来的神、人、山树、水池、楼台等描述中，如此完备地反映出来。

我们先拿维摩诘经变做例子，现在引一段《维摩诘经·香积品》

的经文：

> 于是香积如来以众香钵盛满香饭，与化菩萨。时彼九百万菩萨俱发声言："我欲诣娑婆世界，供养释迦牟尼佛，并欲见维摩诘等诸菩萨众。"佛言："可往。"……时化菩萨既受钵饭，与彼九百万菩萨俱，承佛威神及维摩诘力，于彼世界忽然不现，须臾之间至维摩诘舍。时，维摩诘即化作九百万狮子之座，严好如前，诸菩萨皆坐其上。化菩萨以满钵香饭与维摩诘，饭香普熏毗耶离城及三千大千世界。

如第 335 窟盛唐画维摩诘经变，是一幅受六朝士大夫清谈影响的维摩诘与舍利弗辩论场面的叙述。两个主人，维摩诘居士与文殊菩萨。维摩诘是才富学高、博学多能的辩才，扶病对客，手执羽扇，仍不失其滔滔辩才的精神。文殊菩萨在这幅画中是用责问的神情来对待面前的居士的。其他是九百万菩萨、比丘、天女，以及穿插着的与人间关联的皇子、善男信女等群众。这是一幅不受佛经粉本拘束的场面宏大、趣味生动的故事画。作者可以应用丰富的想象力来处理这个比较现实的题材。在画史上，我们可以看到晋、魏、隋、唐画家，如袁倩、张墨、顾恺之、吴道子、孙尚子、杨庭光、吴道玄、范琼、孙位、朱繇、贯休等，都画过这样的题目。敦煌壁画中也有大小 50 个画面，这是艺术作家乐于接受的动人画面。

诸如此类，我们可以在敦煌壁画中找到数不尽的艺术家丰富想象能力的表现，尤其是唐朝这个伟大的民族艺术光辉灿烂的时代。我们看到那些变化无穷、忽上忽下、左右回旋的飞天，那是凭着理想而创造出来、不可能存在而看来仿佛存在的"若有其事"的形象。在这里，我们伟大艺术创作的先驱者，既不像西洋耶稣教艺术所表现的"异想天开"地背上生两个羽翅的天使，又不像后来道教"腾云驾雾"地用一大块云彩托着的仙人。他们，唐代的艺术作家，仅用了几根飘带，一转一倒便把那个上下飞腾的整个身子自如地飘忽在空中了！同样富有想象力的创作，如九首龙虺，如十一面观音，如天龙八部，如天狗、飞马，等等，他们是如此聪明、智慧地把历史上远古的传说、佛经上离奇怪诞的神话，那些不可捉摸、无从捉摸的东西，都具体而现实地表达出来了。

尤其使我们惊异的，是占有壁画百分比很大的东方药师变的创作。我们的作家在描写下面的境界：

> 然彼佛土，一向清净，无有女人，亦无恶趣，及苦音声。琉璃为地，金绳界道，城阙宫阁，轩窗罗网，皆七宝成。

他们在布置了城阙宫阁、轩窗罗网、"琉璃为地，金绳界道"之后，又：

> 以种种杂宝庄严坛，安中心一药师如来像。如来左手令执药器，亦名无价珠，右手令作结三界印，一着袈裟结跏趺坐；令安莲华台，台下十二神将，八万四千眷属上首，又令

须莲台，如来威光中令住日光、月光二菩萨。

在经变天国世界的主体布置好之后，接着左右就是九横死、十二大愿。他们在这样一个安静、快乐的世界周围，马上布置着：

一者被误投药石枉死。二者横被王法所诛。三者耽淫贪酒放逸而死。四者横为火焚。五者横为水溺。六者横为恶兽所啖。七者横坠山崖。八者横为尸鬼等所害。九者饥渴所困不得饮食而使横死。

这九个不同悲剧的构图在和平乐园的四周，显出苦乐不同内容的对比，加上真实表现的技法，我们的艺术家，在创作上是全盘达到成功的境地。

作家想象丰富，他们可以想到乐的境界和苦的场面，而这些表现场面又是如此入情入理，如此动人。这不是作家把想象力与创作经验结合起来又哪里能达到这样的地步呢？（南朝刘宋王朝）宗炳在他的《画山水序》上说得好：

夫以应目会心为理者，类之成巧，则目亦同应，心亦俱会，应会感神，神超理得。

所谓"得心应手"的作品，自然也就是"合理"的东西。

七

　　敦煌壁画从六朝经过隋唐，一直到中晚唐的时候，由于供养人像地位的改变与重要性的增加，壁画内容也起了变化。那些在魏隋时代一直位于壁画下段或神龛下面的供养人，到了中唐以后，差不多全部移在洞窟入口的甬道左右。尤其是晚唐张议潮以及五代曹议金几代的洞窟，他们家族庞大，往往四五十身一大排的大型供养人像，就占据了很大壁面。我们从安西榆林窟第25窟曹氏供养人题记中看到"都勾当画院使"的名称，知道瓜沙曹氏之世，敦煌虽远在沙漠，但尚有画院的创设。从几个洞窟艺术精美者，我们不难推测到，当时作为供养人而描的肖像画技术已逐渐进步了。这又使我们想到，汉朝的画官制度以及尚方画工所描绘的50卷汉明画像、阎立本的《历代帝王图》等。石窟壁画的维摩诘及唐代少妇的遗像，涅槃变弟子脸部所表现的悲痛表情，天神、舞伎婀娜多姿的神态，佛、菩萨像庄严、慈爱的神情，天龙、力士勇敢、忠烈的面貌……这一切复杂变化的表情，既没有用木炭的阴影，也没有用油画的彩色与笔触，这里，用民族传统的工具，全部是烘染过的线条的力量。这个线，在生硬垩白的壁面上，比在宣纸上还不易处理，假如我们在落笔之前没有"成竹在胸"，那是不会有如此样子出神表情的。宋陈郁说：

　　写其形，必传其神；传其神，必写其心。

　　因此，我们对于这些妙用无穷的线条，不能孤立地当作线的本身来看，在这个线的里面，实际上是具备着一系列含蓄着的条件。

八

唐代大规模经变的发挥，一直到五代、宋初的几百年中，我们慢慢地可以看出，经变画是怎样从初期的简单形式一直到五代、宋初的大而完整的成功。如第61窟宋初曹延禄的洞窟，实在已到了登峰造极的顶点。然而，那些虽有变化，但可能由粉本传来的定型经变格式，到后来已不为一般画家所喜欢了。西方净土变在莫高窟现有的壁画中占有20余壁，这时画画的人却喜欢在两旁未生怨及十六观的故事中作比较生动、详尽的描写。维摩诘变，可能是由于包含各国王子，具有阎立本的《历代帝王图》的场面，也是采取比较多一点的题材。其他如劳度叉斗圣，那是一个富有活动性、热闹的题材。从这样的趋势中，我们可以找到一条线索，晚唐以后壁画题材，逐渐地从死板的佛教内容中解放出来而又回到独立性的故事画。像第61窟宋初五台山图及一连有百余幅绘画精美的佛传故事画等，都是显明的例子。这许多故事画，现在已由卷轴式连环形式改为单幅连列的故事画。不要忽略，这个时候中原的创作作风，正在花间体中盛行着所谓"落花马蹄香"那一类院试考题，一切浸润在自然主义的"残山剩水""孤花片叶"的伤感抒情小品中。

九

为了比较具体地有一个敦煌艺术内容的概念，这里我把不完全统计所得的结果罗列在下面。

要声明的是：

1．这个统计数字没有把我们最近发现的 17 个洞窟（5 个隋窟，7 个唐窟，4 个五代窟，1 个宋窟）计算在内。

2．这个统计没有把占有最多数量的千佛（可能有百十万）计算在内。

3．没有把数量不算小的供养人计算在内。

4．没有把飞天伎乐计算在内。

5．没有把每一幅经变构图以及建筑物边缘的图案计算在内。

（一）关于壁画方面

甲　经变

1．西方净土变	125壁
2．东方药师变	64壁
3．弥勒净土变	64壁
4．维摩诘经变	50壁
5．天请问经变	32壁
6．华严经变	29壁
7．报恩经变	25壁
8．法华经变	24壁
9．法华经普门品变	21壁
10．金刚经变	17壁
11．劳度叉斗圣变	12壁
12．思益梵天请问经变	11壁
13．涅槃经变	10壁
14．楞伽经变	9壁
15．降魔变	4壁
16．密严经变	4壁
17．陀罗尼经变	2壁

乙　故事画

1. 佛传故事 27壁
2. 见宝塔品 18壁
3. 涅槃故事 10壁
4. 萨埵那太子本生故事 5壁
5. 须达拿太子本生故事 5壁
6. 五百强盗故事 2壁
7. 尸毗王本生故事 2壁
8. 多子塔 2壁
9. 十王 2壁

丙　曼荼罗

1. 密宗曼荼罗 11铺

丁　佛像

1. 文殊菩萨 80铺
2. 普贤菩萨 80铺
3. 如意轮观音 39铺
4. 不空羂索观音 36铺
5. 北方天王 30铺

6．观音 29身

7．药师佛 25身

8．南方天王 24身

9．千手千眼观音 24身

10．四大天王 21组

11．地藏佛 17身

12．千手千钵文殊 10铺

13．水月观音 5铺

14．卢舍那佛 3身

15．孔雀明王 2身

16．金翅鸟王 1身

17．阿修罗王 1身

（二）关于图案方面

甲　藻井图案 约420顶

乙　佛光图案 未详

丙　座饰图案 未详

丁　边饰图案 未详

（三）关于塑像方面

甲	*魏塑（包括影塑456身）*	729身
乙	*隋塑*	318身
丙	*唐塑*	442身
丁	*五代塑*	39身
戊	*宋塑*	187身
己	*西夏塑*	8身
庚	*元塑*	4身
辛	*清塑*	684身

十

上面这些内容，是以宗教为中心的造型表现的主题，也就是由这些内容，把从4世纪到14世纪前后1000年中的民族艺术传统在敦煌长达25公里的巨大的壁画上连贯不绝地记录着。它补足了过去美术史的残缺，它充实了民族文化史的内容，使祖国伟大而丰富的艺术传统放射着无限的光芒！

我们要感谢我们的祖先，即可敬爱的古代画工、塑匠，他们是如此用自己的手和智慧，在荒凉凄惨的沙漠戈壁中不分寒暑、成年累月地进行他们神圣的工作。他们生在那里，工作在那里，甚至于死在那里！多少次，我们在石窟北段尘沙满室的小型洞窟的石炕上、沙堆里发现枯黄的尸骨和残破的麻布、烟盒、油灯……以及壁墙上残留着若干用土红勾画着的画稿……这些长不满 2 米、高不能容身的石窟，就是默默无闻的画工、塑匠们死葬的地方。

我们知道"前呼后拥""鞍马屏帷"的当时位极人臣的河西归义军节度使和他的夫人出行图的壁画，但不会知道这类画就是如此样子由贫病而死的劳苦画工用心血和智慧创造出来的。

编者注：原载《文物参考资料》第2卷第4期，1951年。

敦煌莫高窟介绍——中国人民的艺术宝库

敦煌莫高窟在现今甘肃省西边敦煌县城东南 20 公里的三危山与鸣沙山之间的峭壁上。汉代称敦煌县为敦煌郡，与酒泉（郡）、张掖（郡）、武威（郡）同为河西四郡之一，它恰恰在阳关大道的口子上，是古代从内地经新疆到印度、波斯、罗马等西方国家的门户，是中西文化交流的总汇。

公元 1 世纪左右佛教从印度传入中国之后，佛教艺术也随着发展起来。莫高窟创建于公元 366 年的前秦时代，经北魏、隋、唐、五代、宋、元的继续开凿，是 4 世纪到 14 世纪中国佛教艺术成长时期无数艺术匠师在那里继续不息的集体创造出来的艺术宝库。根据文献记载，莫高窟在 7 世纪的时候已有绘满了壁画和装配着彩塑的石窟千余个，它们经过千百年的风日侵蚀与人为损坏，岩石风化引起坍塌，流沙掩埋，洞窟的数量已逐渐地减少。敦煌文物研究所历年发掘和清理的结果，到目前为止，还有保存比较完好的洞窟 480 个。全部洞窟沿着峭壁自南到北长达 2 公里，它们南北贯连、上下相接，最多的地方共有 4 层；在蜂窠（巢）一样的洞窟内部，包含了晋、魏、隋、唐、五代、宋、元 7 个朝代，一千数百年中所绘塑的壁画和彩塑。如果将石窟全部画壁展开接连起来，可以伸展到 25 公里左右；把 2400 多个彩塑排起队来，长度也可以达到一二公里。其中有两个高达 30 多米、精美壮丽、栩栩如生的彩塑大佛，和数百个形体生动、姿态活泼的飞天影塑还没有计算在内。另外五座唐宋的木构窟檐建筑，是中国现存古代建筑中最宝贵的标本。

二

1900 年 5 月，就在这些石窟群中，还偶然发现了一个可能封闭在 10 世纪、约有 3 米见方的暗室（现在编号第 17 窟，就是著名的藏经洞），里面秘藏了 3 万多件自 5 世纪到 10 世纪用古代汉、藏、回鹘、龟兹、和阗等多种文字书写和木板刻印的经卷、文书，以及卷轴幡画、刺绣、铜像等，它们包含了反映千百年间古代封建社会有关宗教、历史、文学、艺术、人民生活各方面的重要文献材料。这是 20 世纪人类文化史上的一个空前的发现，因此引起外国帝国主义分子的垂涎。从 1907 年到 1924 年间，在昏庸的清政府与反动军阀的统治下，美、英、法、日文化间谍在上述藏经洞和其他石窟中劫取了数以千万计的文书、古画和壁画、彩塑等。

这是古代艺术匠师们的智慧创造，也是热爱祖国的中国劳动人民所最为珍惜与爱护的，在无可容忍的帝国主义分子卑鄙的一再劫夺之下，燃起了敦煌人民的愤怒火焰：1925年美帝华尔纳和他的走狗霍雷斯杰尼再度"光顾"莫高窟，企图大举劫夺，敦煌劳动群众坚决反对，并把他们驱逐出去，摧毁了帝国主义分子无耻的阴谋。

三

敦煌莫高窟是祖国伟大的艺术传统中最富有人民性和现实主义因素的艺术遗产的宝库。敦煌艺术继承了汉代艺术成熟的经验和生动活泼的传统，把丰富的佛教故事与神话传说细致曲折、生动活泼地用不同时代风格和乡土色彩表现出来。这使我们今天站在这些丰富多彩的石窟艺术品前面的人最容易体会到：古代优秀的艺术匠师——石窟艺术的创造者——和他们同时代佛经翻译者与变文俗文学的创造者一样，知道如何把烦琐的经典文书和神话传说，概括扼要地用艺术的形式，从主题、内容、结构，组织在几个人到几百个人的经变或本生故事画的大小画面中。这些伟大的艺术上的成就，不但雄辩地说明了故事的本身，而且极富感染力地刻画了封建社会各时代的统治者与被剥削的劳动人民的意识形态，使我们对历史的认识有了更现实的体验。此外在中国艺术史方面，这些杰出的遗产，展示出一千五六百年民族艺术演变和发展的各个阶段，使我们有可能运用古典艺术优秀而丰富的创作经验，为继承民族艺术遗产，推陈出新地创造出社会主义现实主义的新艺术作品来。

敦煌艺术还反映了千余年来一脉相传的中国人民在民族与民族、中国与外国、东方与西方之间和平相处的文化交流活动中辉煌的成就。因此它不仅是祖国伟大的艺术传统中最富有民族个性的艺术遗产，而且是人类整个文化和平创造的历史中不可分割的组成部分。它受到中国人民的珍惜与爱护，同时也受到全世界和平民主人士的珍惜与爱护。它是人类文化和平创造的骄傲。

四

在伟大的社会主义建设时代，敦煌已成为中国人民最为珍贵的艺术宝库，早在 1950 年敦煌解放初期，中国共产党领导下的人民政府就从北京打电报到敦煌，热切地慰问被国民党解散过的曾经在遥远的沙漠中孤苦无告地为祖国艺术坚持工作的同志们，决定把敦煌文物研究所[①]直属中央文物局，并于 1951 年在北京举行第一次敦煌艺术展览会的时候，由政务院[②]文化教育委员会隆重地颁发了奖金与奖状。这一切都大大地鼓舞并激发了全所工作人员

---

① 编者注：1944 年，国立敦煌艺术研究所成立；1950 年，改组为敦煌文物研究所；1984 年，扩建为敦煌研究院。
② 编者注：国家政务的最高执行机关，1949 年 10 月 21 日，中央人民政府政务院成立。1954 年 9 月，中华人民共和国国务院成立，中央人民政府政务院结束。

的劳动热情；加上逐年增加工作人员编制和与之相适应的各种改进业务的设备与投资，使敦煌艺术宝库的发扬和保护工作得以按照计划，在发展中取得初步的成就。

首先在保护修缮方面，主要修理并复原了五座暴露在风沙中已摇摇欲坠的危楼——唐宋木构窟檐。清除了 5280 立方米的窟前积沙，修筑了 1088 米防沙墙和防沙沟、700 米的防水堤坝、500 平方米的窟顶保固工程，新建桥廊通道 250 米、洞窟门窗 176 副、洞窟保护隔墙及窟檐 55 座，其他窟内外零星修补及地面铺作 150 余处，共计 2000 平方米。在整理工作中重新整理并书写了 480 个洞窟中内容说明牌，整理并修补了彩塑 200 余件。在清除沙土和修缮整理的同时，还新发现了唐及五代的洞窟共计 11 个，并在第 108 窟南面发现了五代时的具有年代题记、反映当时修建洞窟情况的诗文墙壁一堵。

在发扬工作中，为了纠正过去零星片段的细碎临摹介绍，近年开展了整窟原大的临摹，各种原大本生故事及经变画的临摹，各时代壁画中有关人民生活及装饰图案等各种专题材料的介绍和收集，这些都是有计划地发扬介绍工作中的一部分。历年积累下来数以千百计的壁画摹本，除 1955—1956 年在北京故宫奉先殿展出外，1951 年在北京午门第一次展出，参加多个出国文化代表团，先后在印度、缅甸及捷克、波兰等一些人民民主国家多次举行了展出。最近又把过去未曾介绍过的莫高窟所宝藏的两千余件各时代的彩塑用临摹和摄影介绍出来。全面整理和进一步对敦煌艺术系统的研究工作正在按照规划逐步地展开。如，经过研究有根据地恢复原色壁画的临摹工作；各种本生故事画、经变画、供养人、佛及菩萨在各时代不同的表现方法和不同的艺术作风的比较分析研究也在一步一步地进行。（对）中国造型艺术所特有的彩塑技术也作了初步的探讨和研究。几年来，这些工作对于敦煌如此伟大的艺术宝库来说，显然是不够的；大规模有计划、有步骤的修缮，系统的研究和大量的出版与介绍，成为爱好敦煌艺术的人民群众一致的期望和迫切的要求。为了满足群众的要求，中央文化部文物局除邀集专家研究莫高窟的全面修缮计划外，并于1954年在石室中安装了电灯，敦煌文物研究所添设了摄影部门；今后要配合有系统的研究从黑白片到彩色片展开全面摄影工作，在短期内收集全部的纪录资料，为分析研究和大量出版介绍创造条件。

在中国共产党和人民政府的领导下和人民群众的爱护与督促下，敦煌艺术的发扬和保护工作，像祖国伟大的社会主义建设事业亿万工作部门一样，正在针对着改善人民物质和文化生活总的要求和目标，一步接一步地在广阔的道路上前进！

编者注：原载《敦煌莫高窟（366—1956）》，甘肃人民出版社1957年。

大放光彩的千佛洞

　　敦煌千佛洞是我国伟大的文化艺术宝库，这个长达两公里辉煌壮丽的画廊，保存了从北魏到元朝1000多年间我国人民的珍贵艺术遗产，它是世界上仅存的历史系连最久、内容最丰富、保存最完整的人类文化史上的奇迹。站在这些卓越的艺术品面前，人们不能不肃然起敬，不能不为历代祖先的艺术才华所激动，由此而感到无比的自豪。

　　千佛洞的艺术，已经闻名于世界，引起各国人民的注意和赞赏。可是，在解放以前的近几十年，蒙受过羞辱，遭受过劫掠和破坏，它湮没在浩瀚无垠的流沙中，几乎被人们遗忘了。只是新中国成立以后，在中国共产党和人民政府的领导下，经过了精心的修缮和整理，它才重新闪射出灿烂的光辉。

1900 年，千佛洞的历史和艺术价值被重新发现以后，引起了帝国主义分子垂涎。当时，我国正处在遭受帝国主义侵略的半封建半殖民地的地位。因此，这些宝贵的文化遗产，被帝国主义分子大量劫掠。最先动手的是英帝国主义分子斯坦因。这个大骗子，在 1907 年和 1914 年，勾结买办和封建寺院地主，先后盗骗走了 34 箱佛经、写本、绢画和其他的艺术品。接着而来的是法帝国主义的文化特务伯希和，他在千佛洞的藏经洞里翻阅了三个星期，把一切有价值的经卷、变文、史料都席卷而去。以后又来了日本帝国主义分子橘瑞超等，盗走了将近 500 卷佛经和其他文物。最后是美帝国主义的文化特务华尔纳，这个强盗竟肆无忌惮地用化学药品铺在布上，粘去了 20 多幅最精美的壁画，盗去了若干尊塑像。当时，极端腐败、投靠帝国主义的清政府和军阀反动政府，对这种盗劫罪行根本没有过问，使这些骗子扬长而去。敦煌人民在忍无可忍的情况下，燃起了愤怒的火焰，行动起来坚决反对这种盗劫，这才保护了这些文物免再遭更大的浩劫。在国民党反动统治期间，他们还听任国内的官僚、军阀和卑鄙的文人进行盗劫和损坏。直到 1943 年，在全国人民舆论的压力下，才不得不设立了有名无实的敦煌艺术研究所。但是机构设立之后，随之就不闻不问了，之后还下令要解散研究所，伪教育部五个月不寄一点经费来。以后的几年中，经费也是时断时续，使坚持在荒凉沙漠中的研究所人员连最低的生活都无法维持。几世纪以来没有照管和被帝国主义分子劫掠破坏的洞窟，已被流沙湮没，沉陷颓塌，即将全部毁灭，国民党反动政府没有拿出一点修缮的经费，千佛洞的保护和整理工作无法进行，研究工作所必需的参考资料也无法解决。

为了保护和发扬祖国这些光辉的文化遗产，研究所的二三十个艺术工作者，怀着致力于祖国艺术事业的不可摧折的信念和热情，顽强地坚持着工作。临摹工作是在十分困难的条件下进行的。为了保护壁画，我们严禁用玻璃纸蒙在壁画上直接印摹和用液体喷洒在壁画上来显示线条。在酷寒的冬天，洞子里不能生火，我们就在零下25℃到零下32℃的气候下工作。洞窟里没有照明设备，我们就一只手端着油灯，一只手拿着画笔工作；有时需要搭上梯架爬到十几米的高处，有时又不得不蹲在墙角里。有的工作人员就因为在昏暗的光线下长期工作而损害了眼睛。临摹洞顶的藻井是一项最艰巨的工作，一般的洞顶都有十多米高，由于仰望非常吃力，只得放一面镜子在地上，照着镜子里的映像来画。

解放以前，千佛洞好像沙漠中的一个孤岛，交通非常不便，加上经费之缺乏，工作人员有时几个月吃不到菜，买不到面粉，更谈不到看电影和戏剧，我们就是这样度过了黑暗的、孤寂无告的7年岁月。

1949年9月24日，敦煌解放了。千佛洞蒙受羞耻、惨遭劫掠的厄运，随着旧中国一起永远结束了。

敦煌解放不久，中共敦煌县委就给我们送来了大量的粮食和衣服，中央文化部也发来了慰问电报。我们第一次受到了重视，第一次受到了无限亲切的关怀和鼓励。1951 年，敦煌文物研究所在北京举行了敦煌艺术展览会，周恩来总理亲自勉励我，当时的中央人民政府政务院文化教育委员会还隆重地给全所工作人员颁发了奖状和奖金。在发奖的会议上，当政务院郭沫若副总理把奖状亲手授给我的时候，我真是心如潮涌，万感交集，我感激的眼泪，不由夺眶而出。

从 1951 年开始，在中央文化部的领导下，敦煌文物研究所与科学院、古建筑修理所以及有关研究机关，共同制订了一套洞窟长期保护和修缮的计划，并且开始有步骤地进行系统临摹和专题研究。中央文化部迅速配备了干部，拨给了大量的经费，添置了一套完整的摄影设备，增加了很多图书资料。为了改善工作人员的生活条件，修建了从千佛洞到敦煌县城的公路，架设了电话线，买了一辆吉普车和一辆大卡车，买了电影放映机和收音机等，并且调整提高了生活待遇，在研究所里设置了银行、邮局、供销社、托儿所。千佛洞与世隔绝、生活艰难的状况一去不复返了。特别重要的是添置了一台 15 千瓦的发电机，安装了整套的照明设备。1954 年 9 月 25 日开始发电的那天，对研究所的全体人员来说是永远难忘的日子。那天晚上，岑寂的沙漠里第一次出现了机器的轰响，明亮的电灯像一条长虹一样照彻了整个千佛洞的幽暗石窟。为了庆祝这件喜事，美术工作者们连夜在电灯光下工作，那些在漫长的岁月里损害了目光（视力）的同志，竟兴奋得流出了感激的热泪。

新中国成立后的10年内，敦煌文物研究所的同志们，以高度的热情和坚韧的工作精神做了很多工作，取得了很大的成绩。在洞窟的修缮和保护方面：修理复原了五座暴露在风沙中摇摇欲坠的唐宋木构窟檐，清除了5280立方米的窟前积沙，修筑了防沙墙、防沙沟、防水堤坝、桥廊通道、洞窟门窗、洞窟保护隔墙和窟檐等，并且整修了洞窟内外的地面，加固了窟顶。在整理工作方面：重新书写了480个洞窟的内容说明，整理和修补了200多件彩塑，新发现了唐及五代的洞窟11个和五代时候的刻有年代、题记和诗文的墙壁一堵。近年来，还开始用塑料及化学原料修补壁画，用紫外光的透视来研究壁画的科学工作也在准备开展。10年来，全所共临摹了壁画503平方米和30多件彩塑，加上新中国成立前临摹的壁画321平方米，共计824平方米。这1500多幅原大原色的摹本和原大整窟的模型，临摹质量方面都达到了国际水平，临摹规模之大也是任何其他国家所不及的。此外，我们还出版了20种大型的和普及的敦煌艺术画集。敦煌艺术进一步系统地比较、分析的研究工作，也正在按计划逐渐展开。

10年来，为了介绍和弘扬敦煌艺术，曾经有计划地在国内外举办了大规模的敦煌艺术展览会，展出了1000多件历代壁画和彩塑的摹本，在国内外产生了巨大的影响。国内展出的地方是北京、天津、西安、兰州、酒泉、玉门和敦煌等七个城市，参观的人数共达99万人次。这些展出使广大劳动人民有机会欣赏我国古代艺术的辉煌成就，从而加强了爱国主义精神和民族自豪感，并且给社会主义现实主义的文艺创作方法提供了宝贵的资料。敦煌

常书鸿临摹第103窟壁画（敦煌研究院供图）

艺术已经为广大群众所熟知，唐代壁画的飞天，现在已经触目皆是，成为新中国人民幸福生活的象征。敦煌艺术也曾在印度、缅甸、民主德国、波兰、捷克、日本等6个国家的12个城市展出过，参观的人数共计24.26万人次。例如在日本展出时，参观的盛况简直是少有的，最多的一天观众达9300多人，观众中有学者、专家，也有工人、学生、农民和家庭妇女，各报刊介绍敦煌艺术的文章据不完全的统计，不下130篇。敦煌艺术在国外的展出，使我们邻近友好的国家进一步认识了优秀而伟大的中国艺术传统，加强了国际文化交流与和平合作。特别是当西方资本主义国家在造型艺术上的形式主义风靡一时，使艺术趋于堕落和毁灭的情况下，我国古典艺术的现实主义传统和北魏时代敦煌壁画的朴实、浑厚、富有表现力的风格，使许多国外的美术专家如获至宝，惊叹不已。日本现代美术评论权威柳亮说："敦煌艺术真正是20世纪现代画派的先驱者。"北小桃雄说："敦煌艺术是世界中古美术史的代表，人类文明的曙光。"一位负责日中文化交流协会工作的日本朋友说："敦煌艺术有这样一种力量，它打破了存在于日本现代人心理中的'西方万能'的概念，十分可能使我们的文化艺术重新走上中国的也是日本的东方优秀传统的道路。"

10年，对于这个矗立在沙漠中已经1600年的敦煌千佛洞来说，是一个非常短暂的瞬间，但是，就像我们整个祖国的变化一样，在这10年中间，由于党和政府的领导，千佛洞在工作和生活上所起的变化，可以说是过去1600年中所没有的。敦煌艺术传统在我们新时代里，将要日甚一日地发扬光大，它将在东方和世界的文化发展中起到它的重大作用，焕发出更加绮丽的光辉。中国共产党领导下的中国人民是我国伟大艺术遗产的真正继承者，中国人民将无愧于我们卓越的祖先。

1959年7月20日千佛洞

编者注：原载《甘肃日报》1959年9月30日。

敦煌莫高窟的维修工作

新中国成立以来，在中国共产党领导下的人民政府，对于祖国历史文物做了史无前例的发掘和保护，其范围之广、成绩之大，超过了任何历史时代。随着社会主义建设事业的发展，工作愈益深入，愈益细致，对于工作质量的要求也愈益提高。（被）列为国家重点文物保护单位的敦煌莫高窟的保护与维修工作的发展，正是上述情况的一个生动的事例。

正如大家所知道的，这个近50年来历经帝国主义分子盗窃和破坏的祖国艺术宝库莫高窟，新中国成立前伪教育部曾设立的一个搪塞门面、有名无实的艺术研究所，连仅有几个职工的工资也常拖欠，生活都无法维持，更谈不到维修与保护工作了。从解放的第二天开始，莫高窟的工作，就受到党、人民政府和广大劳动人民的重视和支持，同志们的生活和工作条件也有了极大的改善。1954年9月，在党中央和毛主席英明领导下，中央文化部还特地拨给我们专款，第一次在莫高窟装设了电灯，使长期在这里工作的同志们的工作和生活呈现出生气勃勃、幸福快乐的景象。

十余年来，在党和人民政府的领导下，敦煌文物研究所的同志完成的工作，可以与解放前作一个对比（见附表1—3）。

附表1

类　别	项　　目	解放前 1943—1949.9	解放后 1949.9—1959.9
莫高窟 洞窟 保护修缮	永久性洞窟修缮		63个
	新建窟檐及栏墙		55处
	唐宋窟檐复原修缮		5座
	修整洞窟通道地面	146 m^2	4383 m^2
	修防沙墙及防沙沟	30 m	1483 m
	清除洞窟前积沙	150 m^3	7460 m^3
	安装洞窟门窗	30合	248合
	修缮壁画	150 m^2	2150 m^2
	修缮塑像		204件
	修缮古代土塔	4座	8座
	洞窟测量（平、立面）	1000 m	1700 m

续表

类别	项目	解放前 1943—1949.9	解放后 1949.9—1959.9
莫高窟 洞窟 保护修缮	地形测量	0.15 km²	1 km²
	勘测掩埋洞窟		940 m
收集 敦煌文物	发现新洞窟	12个	17个
	收集重要文物	231件	870件

附表2

类别	项目	解放前 1943—1949.9		解放后 1949.9—1959.9			
		册	文字	种	册	文字	图
历年研究 著录	大中型图录及专书	2	100000	10	12	258000	1500
	普及小画册及导游			7	20	264000	420
	专论			20余		319000	
历年壁画 临摹及 新壁画 创作	各时代壁画临摹	321 m²		616 m²			
	整窟临摹（原大）			327 m²			
	新壁画创作			131 m²			
	其他绘画			105 m²			
历年彩塑 临摹及 创作	各时代彩塑临摹	15件		23件			
	各时代供养人制作			12件			

续表

类 别	项 目	解放前 1943—1949.9	解放后 1949.9—1959.9
历年彩塑 临摹及创 作	创 作		1件
	平均高度	35 cm	88.6 cm
历年摄影 记录	黑白片	400张	9372张
	彩色片		740张
	放 大		782张
	印 晒	400张	10989张

附表3

类 别	项 目		1949.9—1959.9
解放后历年 莫高窟参观 人数	平 日		42548人
	庙 会		103761人
	外 宾		195人
	共 计		146504人
敦煌艺术在 国内外展出 （1949.9—1958）	国内	城 市	8个
		展出次数	12次
		参观人数	834500人次

108

续表

类　别	项　目		1949.9—1959.9
敦煌艺术在国内外展出（1949.9—1958）	国外	国　家	6个
		城　市	11个
		展出次数	12次
		参观人数	309600人次
	共计	参观人数	1144100人次

　　上述工作，仅是同志们十余年来在党的培养、教育下的一点贡献，距离党和人民对我们的要求还是很远。莫高窟已有 1595 年的历史，对它的维护修建工作愈来愈要求细致，如壁画的维护就严格地要求我们必须从科学研究入手。十余年来，我们从敦煌风速的变化、温（度）湿度的变化、砾岩本身的变化等记录资料发现，石窟内部分壁画由于历代制作技法不同以及壁画附着的岩石本身的变化，有不同程度的毁损，具体表现为变色、壁画脱落、画面起甲、酥松和发霉等，而酥松、风化、起甲等，是毁损壁画的危险信号，因为壁画一旦出现上述现象，即使轻微的震动或流沙、吹风的袭击，就会纷纷散落为灰土。据 1959 年上半年不完全的统计，莫高窟发现起甲的壁画共有 163.4 平方米，受潮酥松的壁画约有 683.2 平方米，大面积壁画连同墙泥脱落的约有 832.03 平方米，发霉的约144.2 平方米。这些数字正在与日俱增。自然灾害严重地威胁着莫高窟壁画的安全。

针对这一严重情况，敦煌文物研究所的工作重点是，立即从抢修窟檐、岩壁转移到（对）壁画本身的修补维护。

　　从 1956 年开始，我们先用一种特别的合成胶与丙酮溶液涂在壁画残片上，做了第一次保护壁画的试验。结果不但使起甲的壁画黏着在壁面，而且丙酮的作用使画面蒙罩了一层透明的保护层，画面的颜色也显得分外鲜明。1957 年 7 月，中央文化部为了提高我们壁画维护技术，曾聘请了来我国讲学的捷克斯洛伐克 [①] 著名修补壁画的专家约瑟夫、格拉尔同志二人，他们来莫高窟作了修补壁画的报告和壁画修补技术的现场表演。他们在第 474 窟用打针注射法，将阿克里拉（乳酪石灰溶液）注射到壁画上，然后用纱衬垫着小型胶辊压几遍，使起甲快剥落的壁画重新紧紧黏合在泥层上面，随后逐步深入酥松的泥层，分层注射胶水。这是一次比较成功的试验，在三年后的今天，还没有发现变色、脱落等现象。

　　但是上述主要材料中的合成胶、丙酮和阿克里拉等原料，我国出产较少，价格昂贵。我们为了贯彻党的勤俭建国、勤俭办一切事业的方针，本着自力更生的精神，在 1958 年和 1960 年分别在第 472 窟和第 161 窟两个洞子中进行了两次新尝试。

　　1958 年的试验是用石灰水注射在画壁上，虽起了黏合的作用，但壁画颜色变黑了，有些地方还起了黑斑点。

---

① 编者注：捷克斯洛伐克是 1918 年 10 月 28 日至 1992 年 12 月 31 日存在的共和国。

1960 年 6 月的试验是用胶矾水的溶液注射，获得了比较良好的效果。这一次试验用了几种成分不同的胶矾溶液。第一种用 1 ： 1.5 ： 100 的胶矾溶液，即 1 份胶、1 份半矾和 100 份水溶化后注射在第 472 窟底层潮湿、泥皮酥松状的壁画上，用小胶辊用力压几遍，使起甲、翘起的画皮紧贴壁画的泥层。第二种用 1 ： 1 ： 100 的广胶明矾溶液注射。这两种溶液注射的效果，广胶比桃胶的黏着力强些，桃胶弱些，虽也能使起甲皮和墙壁黏着，但因壁画在第一次注射了矾水以后，表皮层渗透了矾质，而画皮与泥层黏着力不够，第二次注射胶水就不能很好地吸收，给修补工作造成了困难。这次试验的结果，证明胶的性质和矾的比例很重要。同年 7 月，我们又在第 161 窟做了新的以软性鹿胶和矾水的注射，用量是 2 ： 1 ： 100。这次试验结果，不但使起甲壁画黏着了，而且色泽鲜明，有如用丙酮的效果。只要经过一定年代后不变颜色，我们考虑今后可以大量应用此法，使垂危的壁画再获新生。

　　从上面一些工作的情况看，我们文物的维护工作，正如国务院最近颁布的条例所要求的那样，必须在总结经验提高质量的基础上进一步加强，这对批判地继承遗产、推陈出新、创造新的社会主义文化工作，将起着积极的促进作用。

编者注：原载《甘肃日报》1961年5月9日。

祖国艺术的珍宝

在封建社会频繁不息的变乱战祸中，见于画史著录中的装饰王宫、祖庙、祠堂、画阁等建筑物的壁画、彩塑几乎全部毁于兵燹，毁于火灾，毁于自然的侵蚀。劫后仅存的少数卷轴藏画，也受到历代封建帝王残酷的摧残。从历史记载上知道，继始皇"焚书"之后，汉武帝曾建筑秘阁，广搜天下法书名画，但一到了董卓之乱就全部被毁。梁元帝收藏书画典籍24万卷，在兵困城下，乞和求降之前全部焚毁。唐代《贞观公私画史》所载名画，不过293卷。清朝末代皇帝所存，经过八国联军的掠夺，除一部分留存故宫，多少重要的名画也失散了。最后仅有的一批宋代密藏在敦煌石室的唐代卷轴绢画和绣像200余幅，于1907年及以后的年代中与石室藏经一起被美、英、法的华尔纳、斯坦因和伯希和等几乎全部掠夺而去。无数伟大的祖国艺术瑰宝，就是这样毁于封建帝王，毁于反动统治阶级，毁于掠夺成性的帝国主义之手！

但与此同时，还有一支为士大夫地主阶级所不齿的"画工、画匠"，在深山旷漠的石窟庙宇中默默无闻地绘制壁画，日日夜夜寒暑无间地埋头于以人物画为主的正宗的艺术创作。敦煌艺术正是这些无名画家杰出的创作之一。它肇始于五胡十六国时代，自北魏、西魏、隋、唐、五代到宋、西夏、元1000余年继续不断地修建，到最盛的唐代洞窟达到1000多个。经过长期以来自然和人为的损毁，至今留有壁画塑像的洞窟共计486个。石窟上下重叠了4层，南北绵连长达4公里。据不完全的统计，若把全部壁画以平均2米的高度衔接起来，总长达25公里。通过石窟内辉煌的艺术制作，我们看到的是千万无名的艺术匠师10个世纪心血劳动的惊人的成就，他们是如此系统而完整地给我们保存了一脉相承的祖国艺术传统。

我们在敦煌壁画中可以看到，古代艺术匠师们是如此勇敢而诚挚地表现历代的社会风貌、人文习俗，表现历代人物、服饰、舟车、耕作、舞乐等各方面的演变与发展。例如绘制于北魏的《狩猎图》（第290窟），体现了张彦远《历代名画记》所指"群峰之势，若钿饰犀栉，或水不容泛，或人大于山，率皆附以树石，映带其地，列植之状，则若伸臂布指"的早期中国绘画的风格。又如那绘制于隋代的《驼车》（第 302 窟），简练生动；绘制于北魏的《上菩萨像》（第 427 窟），美丽多姿；这就是段成式《寺塔记》所谓"释梵天女，悉齐公妓小小等写真"的现实主义功夫。

　　南北朝时期，盛行佛教净土宗信仰。在敦煌的隋朝洞窟中，已发现形式简单的法华经变相构图。但大规模流行西方净土变的构图壁画，还是唐代开始的。当时画家们画阿弥陀净土变的很多。唐代诗人白居易描写他请画工画的西方世界时说："阿弥陀佛坐中央，观音势至二大士侍左右。天人瞻仰，眷属围绕，楼台伎乐，水树花鸟，七宝严饰，五彩彰施。"我们从唐代敦煌壁画中，也可以找到各式各样高度现实主义的描写手法，刻划（画）出佛教信徒理想中的美好世界。如莫高窟第 172 窟唐人画的《西方净土变（观无量寿经变）》是一幅有代表性的作品。这幅变相的主体是一座全部建筑在水面上的规模巨大、结构华丽的殿堂。整幅建筑像凸出水面的一朵莲花似的挺秀美丽。正中是主题所在，也是佛说法台的核心。画家在华丽的殿堂平面上布置了阿弥陀佛和左右观世音及大势至菩萨以下诸圣众。下面一组 3 个小平台，台上左右两组由 16 个管弦及打击乐组成的乐队。最下一层是供养菩萨及孔雀等。画家还有意把庄严的至尊阿弥陀佛及观音大势至以下诸圣众安坐在露天平台上，并且赤裸了上身，好像表示夏天说法的一个情景，仔细看来，七宝池的微波，荡漾着荷叶莲花，在佛殿和阁楼上面天空中，还点缀着一组一组浮游在云朵中的赴会听法菩萨及飞天乐器和璎珞花朵，显示了天花乱坠的净土世界中的庄严场面。在大幅构图的左右两边，画家还配置了未生怨阿阇世太子幽闭父王的两幅立轴连环故事画。右首是阿阇世王被太子杀死后成了寡妇的韦提希夫人，如何对着日、月、水、树作静观默想以"解脱"自己感情的折磨。左面就是阿阇世太子杀父的场面。这幅画也正像所有以表现佛教题材为内容的敦煌艺术一样，在于利用生动的绘画形象，宣扬佛教的教义。

不难看出，敦煌的这一部分艺术，利用了一切可以利用的传统技术和表现形式，形象地创造出一个不可能实现的美丽动人的画面。汉以后，佛教艺术兴起，虽在一定程度上代替了歌功颂德的宫殿艺术，但却间接地巩固了当时的统治，麻痹了人民的斗志。因此，我们学习伟大祖国优良的艺术传统，必须批判地吸收它的优秀部分，才能繁荣和发扬光大祖国的绘画艺术。

1962年2月26日于上海

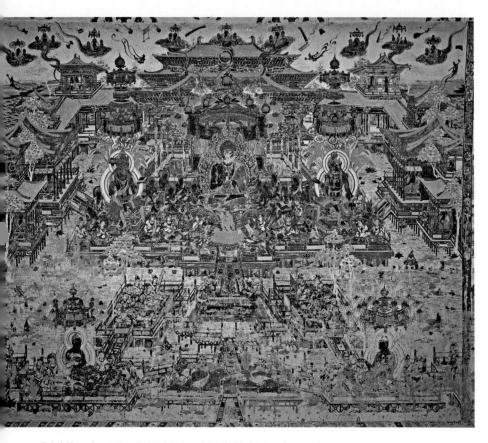

莫高窟第172窟　北壁　观无量寿经变　孙志军摄影（敦煌研究院供图）

敦煌莫高窟

一 历史沿革

敦煌，在甘肃、新疆交界的地方，是汉武帝于元鼎六年（前111）开辟的河西四郡之一，是著名的古代阳关、玉门关的所在地，是世世代代祖国儿女们用血肉所戍守的西北边疆。

这个历史的都城，一方面是文化荟萃的中心，另一方面又是总绾东西交通的枢纽。《后汉书·郡国志》敦煌郡条刘昭注引《耆旧记》：

> 国当乾位，地列艮墟。水有悬泉之神，山有鸣沙之异。川无蛇虺，泽无兕虎。华戎所交一都会也。

古代从敦煌西出阳关、玉门关，沿天山北路到吐鲁番、库车等地；南路经白龙堆、罗布泊到达古于阗。4世纪时的法显西行取经（399—412）就是走的北道，由敦煌出玉门关，经伊吾（哈密）、龟兹（库车）西行至疏勒（喀什）出葱岭。6 世纪时的宋云、慧生西行（518—522），唐僧（玄奘）西行（629—645）往返走的是南道。从敦煌出阳关、玉门关西行，不管走南北哪一条路，都要经过一二百里的大沙漠，才有歇脚取水的尖站。交通不便，差不多都要步行或骑驴马，经流沙和戈壁，瀚海千里，在烈日、寒风中跋涉，非常危险。法显在他的《佛国记》记他从敦煌到鄯善（古楼兰）经过约 1500 里的流沙大漠时说：

> 沙河中常有恶鬼、热风，遇则皆死，无一全者。上无飞鸟，下无走兽，遍望极目，欲求度处，则莫知所拟，唯以死人枯骨为标识耳。

《慈恩传》说玄奘在经过这一带时也是：

> 夜则妖魑举火，烂若繁星，昼则惊风拥沙，散如时雨。

因此这个位于沙漠核心的古城，号称塞外江南的绿洲，就必然成为供给东西行旅往来人畜粮草的通道。在汉唐兴盛的时候，往来东西的将帅、官绅、士商、僧侣，莫不云集在这条西方人称为“丝绸之路”的尽头、通向长安的古代边城。根据史册的记载，这个时候敦煌的繁荣情况，可以用每天集市有早、中、晚三次来证明。于是，为了宣传佛教而滞留在此的行脚僧，就逐渐找到了传布的对象。他们用“普度众生”的大乘佛教教义，来接受为了升官发财、要求纳福免灾远行的官商士绅的许愿。也有偶然碰着运气居然平安幸福、升官发财地回来的人，就按照许愿的诺言，在这个三危山、鸣沙山之间的岩壁上凿窟画像，谢神恩以了心愿。因此，敦煌不但是当时政治、商业、文化的中心，而且也成为佛教中心。西晋时著名高僧竺法护（是一个月氏人，世居敦煌）号称"敦煌菩萨"，北魏时的高僧宋云也是敦煌人。

据唐代武周圣历元年（698）《李怀让重修莫高窟佛龛碑》所记，莫高窟修建于苻秦建元二年（366），碑文很长，有一段是这样说的：

> 莫高窟者，厥初秦建元二年，有沙门乐僔，戒行清虚，执心恬静。尝杖锡林野，行至此山，忽见金光，状有千佛……造窟一龛。次有法良禅师，从东届此，又于僔师窟侧，更即营建。伽蓝之起，滥觞于二僧。

莫高窟首经上面两个和尚的开凿，再经北魏、隋、唐、五代、北宋、西夏、元等多个朝代自 4 世纪到 14 世纪前后千余年继续不断地修建，无数艺术匠师在石窟中塑造、绘制了数以万计的生动活泼、彩色瑰丽的彩塑和壁画。上述李怀让的碑文中还记载着莫高窟到唐代初期已有"窟室一千余龛"。这个石室宝藏经过千数百年的历史变革、风沙和烈日的侵蚀，保存至今还有壁画和彩塑比较完好的洞窟共有 491 个。根据我们不完全的统计，现有全部洞窟内部共有壁画约计 4.5 万平方米。如果把全部壁画衔接展开来计算，可以排成 25 公里长的大画廊。可以说，全世界任何国家也找不出第二个规模如此巨大、历史如此悠久、内容如此丰富的文化艺术宝藏。这是中华民族无比伟大的文化传统，也是古代劳动人民卓绝的艺术创作。

二　内容概说

从主题内容来说，敦煌艺术主要是佛经中的天神、菩萨和佛陀的前生、出世后的传记，它是为了宣传佛教的教义而创作的。无疑的，佛教在当时是利用艺术的体面外表作面纱而进行封建迷信宣传的，起着麻醉人民和巩固封建统治作用的。但是这并不等于说，敦煌艺术是一无可取的糟粕。对敦煌艺术，用一分为二的观点来分析批判，我们可以从这些古代艺术遗产中发现其中不少壁画和彩塑包含着古代劳动人民所蕴蓄的优秀的民族艺术传统。它们不同程度地表现了生动的人物形象，反映出了阶级社会历史现实的某些侧面。同时也意味着创造敦煌艺术的古代画工们被统治阶级和寺院僧侣所利用，到这里来从事佛教艺术创作，透露出他们在无奈的被压迫的阶级社会中的愿望。例如，有些被大幅天神鬼怪所隐埋着的在壁画的小角上，悄悄地描绘的那些穿插在法华经变和佛本生故事中的劳动人民的生活情况。作者是这样亲切而愉快地刻画出自己所熟悉所体验过的事物：怎样耕作，怎样洒扫，怎样喂养牲畜，怎样驱赶牛、马、骆驼，怎样挑重担、背负行李、推磨、拉纤，等等。又如，唐代色彩鲜艳、金碧辉煌的西方净土变中，作者根据佛经的记载和施主的要求，用五颜六色的彩笔，从楼台亭阁、山水树石、音乐舞蹈直到飞天化生，描绘出西方极乐世界的形形色色。像这样的壁画，客观上起到粉饰"天国"的美满幸福，宣传地狱般的"人世"不能与"天国"相比的悬殊，作者本身都怀着对幸福要求的满腔热情的幻想，创造了与他们现实生活有天壤之别的、依据佛经上的而实际上是不存在的、据说是人人可以到达的极乐彼岸世界。佛教唯心主义理论所建立的一些烦琐臆造的哲学体系，一方面竭力粉饰"天国"的美满幸福，宣传人世不能与"天国"相比；另一方面又竭力从理论上缩小人世和"天国"的距离，更为廉价地大量出售进入"天国"的门票（见《红旗》杂志1964年第16期第41页孔繁的《佛教思想和中国哲学思想》）。这里，敦煌壁画，却运用了造型艺术从观念形态上进一步起到上述缩小人世和天堂的距离，更为廉价地大量出售进入"天国"门票的宣传作用。

敦煌石窟经过不同时代艺术匠师们千余年的漫长创作，各个洞窟的壁画和塑像，无论是石窟造型、内容布置，还是艺术表现，都具备着显著的时代风格和乡土色彩。

按照文献记载，乐僔和尚最早开凿的洞窟，由于缺少确凿的证据，尚难作肯定的结论。目前根据我们已掌握的资料和比较分析的结果，初步认为莫高窟第267—271窟一组石窟，加上第272、275窟，是现存石窟群中最早的，它们的时代可能在北魏以前。其他代表北魏的重要洞窟为第249、251、254、257、428等窟。第285窟创造于西魏大统四年（538）和五年（539）。这个时期壁画以佛、菩萨、千佛、佛传故事和本生故事为主。彩塑以释迦佛、弥勒佛、菩萨、天王以及中心柱四周的彩塑飞天伎乐为主。彩塑用泥捏塑,但在造型风格上仍保留云冈石刻那样早期古拙、质朴之感。塑像服饰作"时世妆",面相轮廓很有"面如银(一作"恨"),刻削为仪容,不尽生气"的特点。早期彩塑着色比较简单。这个时期壁画的作风承袭了汉魏优秀的民族传统,同时也或多或少地能看出它们与西方、印度、巴基斯坦、阿富汗的佛教艺术交光互映的关系。

壁画人物,是在粗线条烘染刷色之后,再用铁丝描勾勒。多在土墙底壁,或以土红涂刷为底,或者在白垩的底壁上着青、绿(石青、石绿)、朱砂、银朱、黑、白等种鲜艳的原色,对比强烈。人物强调动态,线描遒劲有力,颇具美术史上所描写的曲铁盘丝的风味。艺术造型主题是人物,间或简单的山水树石穿插在横条连环的人物故事画中间。画法简单,正如唐代张彦远《历代名画记》所讲到的魏晋绘画的特点那样:"其画山水,则群峰之势,若钿饰犀栉,或水不容泛,或人大于山。"

这个时期的洞窟形制,大都窟口有人字披,内有中心柱,顶画平棋图案。此期建窟共有 31 个。

敦煌艺术经过东晋、北魏、西魏约两个多世纪的演变与发展,到了隋代,艺术风格更加富有民族特色。隋代泥塑造像特点,首先显示在造型方面的是身首尺寸比例,较隋前的彩塑更为和谐匀称。佛和菩萨面型较北魏彩塑丰硕圆润。北魏那种"面如银,刻削为仪容"的"秀骨清像"，到隋代已绝迹。由于隋代石窟形制已不见中心柱，所以盛行在北魏中心柱四边的飞天也不见了。在造像主题方面，除主尊外，二胁侍或四胁侍的形式比较多。彩塑的主题内容虽然没有北魏那样多，但是在装饰敷彩方面却比前代要富丽细致，至今还遗留数以千万计的用赤金妆贴的千佛壁画和全身妆金的丈二立佛，如第427窟等，这可能受了云冈大佛的影响。壁画方面，隋代还是沿袭北魏、西魏的本生故事和佛传故事画。由于隋代窟型的改变，那些描写佛生前和在世故事的壁画大都仍是横条连环画，布置在人字披与覆斗形的藻井上。

隋代统一南北，自北周一度废佛后，在隋文帝提倡下佛教得到复兴。敦煌在隋代短短几十年的统治中，共修建了石窟90余个，这时期的石窟艺术在内容和形式上都有了进一步的发展。它们具体地反映了当时佛教正在日益成为巩固封建统治、麻醉人民的工具，并逐渐形成了一些教派。各教派虽都宣传脱离实际的唯心主义的哲学，但也还有自己的一套做法。以梁武帝萧衍时代的普通元年（520）从印度来到中国的菩提达摩为始祖的禅宗，就是专门教导人们对人世间的苦难要逆来顺受，取消斗争。但在禅宗哲学上却是头脚颠倒地做了一套玩弄意识形态的巧妙把戏，正如任继愈同志在他的《禅宗哲学思想略论》中所说：

> 禅宗力图把佛性从彼岸世界拉回到每个人的内心，把依靠佛教的经典转向引导人们相信个人的顿悟（内心神秘的启示），把拜佛转向呵佛骂祖，这就埋下了毁灭它自己的炸弹。

遇到一定的条件，遇到革命的阶级或进步的集团，或者这一武器拿到不满意现实剥削制度人们的手上，它将会沿着另一个方向——佛教教义所反对的方向前进。

表现为各派之间判教的论战，这种情况反映在隋代敦煌壁画中就是结构简单、以维摩诘为主题的经变画。经变的主题是一个能言善辩、神通广、威力大，连舍利弗也无言可对的白衣居士维摩诘，他教唆天女把一朵朵鲜花从天上抛撒散落来捉弄犯律的舍利弗，他以"病本无病，病众生之病"来对答向他问疾的文殊菩萨。这个主题，从隋唐到五代，敦煌共绘维摩诘经变61铺，是仅次于敦煌最多经变的西方净土、东方药师、弥勒净土的。其次是隋代还出现了宫殿住宅、山水人物等内容比较丰富、描写很精致的法华经变的各种譬喻品及序品等宣传人人皆有佛性的壁画，如第420窟及第427窟都画在窟顶及人字披上。隋代壁画比较多的还是没有什么变化的说法图和千佛。此外，如第390窟那样，还有长队排列，佐以乐队、伎乐侍从的文质彬彬的供养仕女行列。这可能是后来绘画上比较多的一种叫作"鞍马屏帷，宫苑仕女"的画，是反映上层统治阶级娱乐方式的风俗画。从历代壁画上还可以找到元代汤垕《画鉴》所提到的"展子虔画人物，描法甚细，随以色晕开，人物面部，神采如生"的实际例证。这个时期的藻井图案也是生动美丽的，内容极为丰富，一如齐梁时代的镶嵌金属，细工描绘，杂以金线，至今还可以看出像镶嵌金属那样，线描更加流利豁达、遒劲有力。壁画和彩塑衣饰上，还可以清楚地从第419、420、427等窟中见到一些来自域外（伊朗等地）的狩猎、飞马、飞鹅等图形的联珠纹样，具体地说明了我国古代与中亚细亚各国和平与文化交流的关系。隋代造像，正在逐渐从秀骨清像的北魏造型转变为雍容华贵的唐代风格。上述贴金的丈二大佛，已具备体态厚重、丰硕的特点。隋代修建的洞窟现存 70 余个。

唐代李世民父子采取了一系列缓和阶级矛盾和恢复社会生产的政策措施，社会秩序得到了安定，生产获得了发展，作为上层建筑的文学艺术也发展到了高潮。莫高窟初唐代表窟第 220 窟，开凿于贞观十六年（642）。这个洞窟是 1943 年我们在剥离宋代重绘壁画表层后新发现的。窟内南北两壁各绘了药师净土和西方净土两铺大经变，入门的东壁南北两侧画了维摩诘经变。唐代佛教各宗派已在大乘有宗的唯心主义哲学理论基础上摆脱了外来的影响，成立了一套自己的哲学体系来为唐代统治者服务。第 220 窟壁画内容正反映了北方以道绰（562—645）、善导（613—681）一派为首的净土宗，以弥陀经的《观经疏》《往生礼赞》《观念法门》等简易的念经而往生净土的办法，争取了广大的信众。道绰死后，他的大弟子善导极力提倡净土念佛。善导死于唐高宗永隆二年（681）。那时长安城中为了斋戒，在光明寺、慈恩寺大念阿弥陀佛，写《弥陀经》10 卷，画净土变相 300 铺。龙门奉先寺大石佛的创作也在这个时候开始。第 96 窟开凿于延载二年（695），第 130 窟开凿于开元年间（713—741），这两个大佛也同样反映了唐代佛教崇拜阿弥陀佛的净土宗兴盛时的内容特点。这与华严宗的无碍缘起等理论一样，敦煌壁画和塑像，用形象思维力图缩短人与佛的距离，也就是缩小现实世界与宗教幻想世界的距离。第 220 窟的初唐壁画，正是唐代艺术家运用他们精湛的现实主义艺术，把句法生涩、难解难懂、枯燥无味的佛经理论变为任何人都能看得懂的生动的、大众化的画像。这就和念经拜佛的简化了的崇拜相结合，廉价地赢得善男信女投入佛教迷信中去。

中国绘画史记载，唐代著名画师大都从事佛教壁画的创制，如唐代著名画师阎立本、张孝师、尉迟乙僧、吴道子等，都先后在东西两京大慈恩寺、兴善寺、安国寺、净土院等墙壁上绘制西方净土变、维摩诘变等内容丰富、生动活泼的壁画。画史提到晋代画家顾恺之画瓦官寺的维摩诘变，"闭户往来一月余日"，画成功后"及开户，光照一寺，施者填咽，俄而得百万钱"。那幅画真是"神光谢而昼夜明，圣容开而道俗睹"，震动世界。因此，"仕女骈比，拥路争趋，车马轩轰，倾都盛集"。如果不是宗教信仰，一幅画绝不能感人到这么深的程度。但另一方面也可以证明，用绘画来宣传佛教，比起正襟危坐地念枯燥无味的佛经——《维摩诘经》——的效果，不知道要高出多少呢。这就是为什么唐代经变画大大地发展了净土宗的各式各样的宣传。根据我们初步不完全的统计，敦煌共有西方净土变 228 幅，东方药师变 96 幅，弥勒变 68 幅，维摩诘变 61 幅，等等。这些经变，虽然内容不同，但是到了唐代后期，不管是说天堂或地上的神变故事，还是楼台亭阁、七宝池、八功德水，大体上都不外乎描写天国净土以及没有什么表情的佛像的庄严、有唐代贵族妇女雍容华贵仪表的菩萨的美丽。这个时候，佛教一方面竭力粉饰天国的美满幸福，宣传人世不能与天国相比；另一方面，又竭力宣传放下屠刀立地成佛的一阐提人皆可成佛等进天国不难的理论。敦煌唐代艺术就是这样用美术作品的现实描写来缩小人世和天堂的距离,使"普度众生"的佛"慈悲"地向人们出售进入天国的门票。

唐代经变画,一般都是长方形的格式,画面集中了场面巨大、结构严密的人物构图。描写经变故事的部分,大抵用连环故事形式来说明情节,人物一般比佛与菩萨都要小,配合的山水树石也与故事人物相称,远看起来,好像小人物补填了天神与菩萨之间的空白。有许多是在整幅庄严经变的天神佛像下面,以长方形的屏条格式表达出来的。唐代开始,已见不到魏、隋时代卷轴横条连环故事画形式了。新出现的屏条式,可能与书籍装订一页一页的蝴蝶装有关,看来书籍装订的改革,对画轴的影响是非常大的。

莫高窟在唐代中期的建中二年(781)以后,是吐蕃管辖时期。这时期修建了许多洞窟,这些洞窟出现了反映少数民族人物的形象,我们可以在第 159 窟东壁看到吐蕃赞普礼佛的行列。

唐代晚期大中二年(848)张议潮率众起义,推翻吐蕃贵族的统治,修建了第 156 窟。这个代表晚唐艺术的洞窟前室北壁题有咸通六年(865)的《莫高窟记》。这个题记,是第 332 窟武周圣历元年(698)《李怀让重修莫高窟佛龛碑》的另一个副本。它再一次说明了莫高窟创建于苻秦建元二年(366),一直到咸通二年(861)的 495 年中,敦煌石室是继续修建的。同一个洞窟内,还绘有与佛教宣传无关的张议潮统军出行图和他妻子宋国河内郡夫人宋氏出行图。这幅画由于描写（绘）张议潮这个一代统治人物的历史，直接反映当时当地的现实生活，突出地表现张议潮夫妇出行时的鞍马车轿、贵游盛况，同时还有音乐、舞蹈、百戏、杂技的场面。总的说来唐代绘画已能注意人物动作、姿态、神气和面部的生动表情，殿堂楼阁、远山近水已十分成熟地处理了透视的关系，使这幅中古的绘画达到"山水平远"的与王维一样"造微入妙"的水平。用色也绚烂多彩，杂以金色和沥粉堆金，呈现出金碧辉煌的效果，线描遒劲流畅。这个时期是莫高窟艺术创作的全盛时期，共有唐代创建的洞窟247个，约占现存石窟总数的一半，是莫高窟的中兴时期。

继张氏统治河西的是五代、宋初的曹议金一门三代。约（相）当于五代后唐同光二年（924）到后晋天福五年（940）间，曹议金模仿他的前代归义军节度使，在第100窟内东、南、北壁下端画了曹议金夫妇出行图。接着又由曹议金的女婿、于阗国国王李圣天修建了第98窟。东壁画了一身高达3米的"大朝大宝于阗国王李圣天即是窟主"的国王写照，满身于阗国的绿色宝玉。洞窟深13米，宽11米，是莫高窟的典型洞窟之一，与曹元忠为他的儿媳妇即曹延禄的姬于阗国天公主修的第61窟一样，是唐代以后规模最大最为精致的洞窟之一。第61窟主要内容为西壁的一幅巨大的描写相传为文殊道场的五台山全图。壁画用立体地图的形式，在高4.31米、宽13.3米的巨幅壁面上，详尽地描绘了东台、西台、南台、北台、中台——五台山的胜景。有100多座寺院、庵堂、客店和商旅百余个人物，穿插在中间的有山水树石、楼台亭榭、城郭桥廊，还有行旅、推磨、舂米等生活场面，反映了五代城乡市街的面貌，是一幅富有现实生活气息的重要历史画。

北宋宝元元年（1038），李元昊入侵瓜（州）、沙（州）、肃（州）三州，建立西夏王国。西夏人乘胜在此改建了七八十个洞窟，富有民族特点。著名的石室秘藏的北魏以前到隋唐人所书绘的书画，就是在西夏占领莫高窟之前封藏的，即现在编号第17窟。宋代修建的洞窟现存45个。西夏在前人修建的洞窟中重绘的洞窟有75个。

元代在八思巴、蒙古人速来蛮西宁王主持下修建了少数的洞窟。蒙古人崇信密教，其壁画特点是绘有不动金刚（一称欢喜佛）的曼荼罗式，如第465窟；也有画千手千眼观音的，如第3窟。这些壁画中出现了元代开始形成的有压缩的莼菜条式线条的绘画。

从上述石窟的简短浏览，感到这些洞窟中的壁画和塑像，经过1000多年各个时代的艺术匠师们不断的创造，体现了不同时代的特点和风格。而这些不同风格的艺术创作，都是为了宣传佛教的。这使我们深深地认识到，在阶级社会中封建统治者不惜巨万重金创立画院，雇用匠师、艺术家，致力于利用艺术这一锐利的武器并紧密结合封建统治奴役人民、麻醉人民而宣传脱离现实、取消斗争的出世修行"往生乐土"思想，让这些被奴役的亿万苦难众生寄托自己对生命、幸福的追求，甚至于把自己放在"彼岸"世界即所谓"西方极乐世界"，要画家发挥他们不可能想象的想象力来描写（绘）与他们可怜的现实世界有天壤之别的境界——这个世界就是我们从数以百计的西方净土变壁画中所看到的"瑰丽美好"的楼台亭阁、八功德水、七宝池的"西方极乐世界"。如何才能进入这个世界呢？那就必须忍受像唐以前敦煌壁画本生故事所描绘的，如舍身喂虎的萨埵那太子、剜肉喂鹰的尸毗王、让人在身上钉一千个钉子的毗楞竭梨王和为了求法不惜跳进火坑甘心自焚的昙摩钳，等等，诸如此类的 500 多个血淋淋牺牲为善的所谓本生故事中，佛过去世的遭遇和忍受，这就是敦煌壁画宣传主题的反动本质。

当然，中国有悠久的文化历史，我们的祖先遗留下来许多文化遗产，这些遗产的精华部分，假如说在过去漫长的岁月中能为封建社会所利用的话，今天我们一定要按毛主席指示的，能够取其精华，去其糟粕，用一分为二的观点，"批判地吸收这些东西，作为我们的借鉴，作为我们从此时此地的人民生活中的文学艺术加工成为观念形态上的文学艺术作品时候的借鉴"。我们是可以作为革命文学艺术创作借鉴的，使敦煌艺术"古为今用""推陈出新"而为今天和明天的无产阶级革命事业服务。

最后，还应该提到的是，敦煌这个古代人民的艺术宝库，从创造到今天毛泽东时代漫长的 1600 年中，有它的繁荣和发展，也经过历代的洗劫，尤其是最近百年内，像我们的祖国的各个角落一样，曾经受到帝国主义、昏庸的清王朝、反动的国民党统治者的摧残。在光绪二十六年（1900）五月廿六日，在第 17 窟中曾发现了闭藏的北魏到宋各时代的重要文书、绢画、经卷等 2 万多件。

从光绪三十三年（1907）开始，美、英、法、日、俄帝国主义分子无耻地先后到此来进行了贪得无厌的掠夺。美帝国主义文化间谍华尔纳一伙，在1924—1925年曾到千佛洞进行破坏，与统治者勾结，盗走了彩塑，剥离了壁画。第二年（1925），更大举来掠夺，带了一马车胶布和帮凶，阴谋把第285窟的壁画全部盗走。但是当地农民强烈反对，不许盗贼来千佛洞偷盗，因而华尔纳阴谋未遂，垂头丧气而归。这次事件，使美帝国主义知道中国人民是不可欺侮的。

今天，这个艺术宝库终于重归于劳动人民手里，国家已宣布其为国家重点文物保护单位，投资维修，认真保护，它在中国共产党和毛主席领导的社会主义革命和社会主义建设中将放射出灿烂的光芒。

1965年10月

编者注：原载《中国敦煌学百年文库·综述卷》，甘肃文化出版社1999年。

敦煌艺术

历史的回顾

大约距今 2000 多年前的中国，海道未通，浩瀚的太平洋在东南使我国与世隔绝。然而，在我国的西北角有一条横贯西、中亚细亚的通道，它从里海穿过葱岭、塔里木河、罗布泊和天山南北两路的绿洲，东到黄海，南到昆仑山脉，这就是举世闻名的丝绸之路。在这条漫长的大陆动脉的西方，接连着不少古代大大小小的部落、国家和民族。其中有一个强大的大月氏 [①]。它原来

① 大月氏：《史记·大宛列传》记载："始月氏居敦煌、祁连间。"《后汉书·西域传》载："大月氏国，居蓝氏城，西接安息四十九日行，东去长史所居六千五百三十七里，去洛阳万六千三百七十里。户十万，口四十万，胜兵十余万人。初，月氏为匈奴所灭，遂迁于大夏，分其国为休密、双靡、贵霜、肸顿、都密，凡五部翕侯。后百余岁，贵霜翕侯丘就却攻灭四翕侯，自立为王，国号贵霜。王侵安息，取高附地。又灭濮达、罽宾，悉有其国。丘就却年八十余死。子阎膏珍代为王。复灭天竺，置将一人监领之。月氏自此之后，最为富盛，诸国称之皆曰贵霜王，汉本其故号，言大月氏云。"

是活动在祁连山间的游牧民族，在汉文帝六年（前174）为匈奴所击败，被迫溯伊犁河，西迁到阿姆河流域的大夏（即犍陀罗地区）。汉武帝为了截断匈奴右臂，于公元前139年至公元前126年间，曾派张骞出使大月氏，当时大月氏已在大夏建立了贵霜王朝，不愿再和匈奴作战。因此，张骞出使的主要目的没有达到。但作为汉朝使节第一次向西域出访，沟通了中西文化交流和友好往来。大夏在马其顿亚历山大东征时，深受希腊文化影响。张骞的到来，使中国、印度、希腊三个古老文明的民族文化在这里汇合，而后向东、南、西三方传播开来。

佛教，和其他宗教一样，在开始的时候并不具备一定的艺术形象。印度早期不供奉佛像，在印度巴路脱和桑奇大塔石坊的雕刻中，都是用物体来作象征的。如以佛的"宝座"代替佛说法，以"菩提树"代替佛入涅槃，等等。释迦牟尼死后，公元1世纪末，印度西北部的犍陀罗地方曾一度在马其顿亚历山大的统治下，流传着希腊艺术。希腊人由于天生的"神人同形同性"的观念，敢于模仿希腊神话中太阳神阿波罗（Apollo）的形象，创造了释迦牟尼造像。1908年，考古学者曾在白沙瓦附近发现一个佛教徒保存的舍利匣。据说这个匣子就是贵霜王朝的佛教名王迦腻色伽铸造佛像的舍利盒，内有铭文。这是1世纪犍陀罗佛教艺术最早的佛像。这个佛像的衣褶纹祥与1947年我国四川汉墓出土的佛像坐式、衣褶十分相似。犍陀罗佛教艺术在2世纪左右经过丝绸之路传入新疆。当时汉王朝已在这里设置西域都护府，这一边缘多民族地区与中原王朝的政治、经济、文化有着密切的联系。丝绸之路，推动了中西友好关系和文化交流的发展。我们从敦煌莫高窟藏经洞出土的文物中，可以看到一幅宝胜如来像，这就是当时行脚僧往来丝绸之路上传播佛教的形象。还有一尊象牙佛是5世纪时印度制作的一种护身佛。它分左右两扇，中间由铜质铰链扣合，左右两扇合拢时成为一尊骑象的普贤菩萨。两扇展开是表现释迦牟尼诞生直至双林入灭的佛传故事。这是古代行脚僧祈祷时的供养菩萨像。

我国新疆的天山南北至今仍有许多佛教遗迹，其中如罗布泊丹丹乌里克遗址壁画中的双翼天人，有直接从犍陀罗传来的希腊佛教艺术的风格。它与叙利亚、美索不达米亚、波斯（今伊朗）西部的爱罗神几乎完全一样。而吐鲁番伯孜克里克、大峪沟等地石窟群的佛教艺术则显示了中国的民族风格和特点。在丝绸之路上安西榆林窟、张掖马蹄寺、永靖炳灵寺、天水麦积山，一直到大同云冈、洛阳龙门等地的石窟群，其民族特点就愈为显著。中国石窟艺术是用艺术形象表现来自印度的佛教、佛菩萨的形象，必须合乎中国人的生活习惯和生活环境，使绘画和造像具有民族形式，这样才能为信徒所接受。东汉孝明帝夜梦金人，顶有白光，西行殿厅，乃访群臣，傅毅讲到佛。孝明帝遣郎中蔡愔等出使天竺，蔡愔携佛经42章，将释迦像等用白马驮回。汉明帝于洛阳城雍关西建白马寺。明帝把佛倚坐像画在白毡上，挂在南宫的清凉台，并作千乘万骑绕塔三周的画在白马寺的墙壁上，这是汉代佛教壁画的开始。当佛教在汉代一旦被接受并同自己的传统融合之后，佛教艺术就发展起来了。

公元前 111 年，汉武帝在甘肃西北部的武威、张掖、酒泉、敦煌设立河西四郡，敦煌郡及其附近地区形成了丝绸之路上经济文化繁荣的中心。南北朝以来，往来东西的僧侣和佛教徒聚集在这里从事佛经的翻译和抄写。来自大月氏贵霜王朝，号称敦煌菩萨的竺法护，龟兹来的鸠摩罗什和罽宾来的昙无谶，都长期在这里译经讲道。敦煌富有汉文化的传统，特别是汉末以及南北朝时期，中原战乱，很多文人学者如汉代闻名的书法家张芝，晋代的索靖，南北朝的刘昞，隋唐时代的薛世雄，等等，都到敦煌避难。他们对敦煌文化有着重要影响。在绘画方面，可以看出顾恺之、阎立本、吴道子的画风。西凉王李暠进驻敦煌时（公元 405—417 年间）曾建立一所议朝政、阅武事的殿堂，壁上还画了古代圣帝、明王、忠臣、孝子等历史人物。1974 年酒泉出土的魏晋十六国时期的墓画和 1945 年在敦煌佛爷庙发现充分保持汉画风格的六朝前期的彩画墓砖，都充分反映出敦煌及其附近地区受中原文化影响，保留着汉代正宗的文化传统。

中国古代劳动人民在优秀的民族艺术传统的基础上，吸收了外来艺术的精华，经过千余年连续不断的努力，创造了具有民族特色和时代风格的敦煌艺术。

敦煌巡礼

敦煌艺术是中世纪欧亚宗教弥漫时代产生在沙漠戈壁中的瑰宝。

敦煌莫高窟修建在甘肃省敦煌县城东南 25 公里的三危山与鸣沙山之间的峭壁上。在这座南北迤逦 1600 余米，高 50 米的峭壁上，形成上下三五层，栉比相连、累累如蜂房、规模宏伟的石窟寺群。莫高窟开凿在第四纪酒泉系砾岩上，所以不能像大同云冈、洛阳龙门石窟那样精雕细琢，而是凿岩为窟，窟内泥壁彩画和泥塑妆彩。洞窟的建筑形制也随时代而异，大小不一，有高达 33 米的大佛窟，也有不及 1 平方米的洞窟。现存 700 余窟中，内有壁画、彩塑的洞窟集中在南区，共 492 窟。北区 200 余窟为当年雕匠画工生活窟。至今在坍塌的残窟中，还遗留有土炕灯龛台及炉灶烟道等等。莫高窟艺术就是出自这些生活简陋的无名工匠之手。

据唐代《李怀让重修莫高窟佛龛碑》（698）记载，莫高窟的开凿，始于前秦建元二年（366），到唐代已有"窟龛千余"。据记载，当时有个名叫乐僔的和尚，在这里开凿了第一个石窟，后来又有一个法良禅师在乐僔窟侧开凿了第二个石窟。后经十六国、北魏、西魏、北周、隋、唐、五代、宋、西夏、元等 10 个朝代，前后 1000 余年的不断开凿和维修，至今还保存有 4—14 世纪彩色绚烂的壁画 45000 余平方米，妆彩塑像 2000 余身，岩壁上还有 5 座唐宋时代的木构建筑。

从莫高窟的洞窟地位、窟型以及内容布局、绘塑风格等等考证，第268、272、275窟为莫高窟现存最早的洞窟，莫高窟的第268和258窟为禅窟，其余都比较接近印度的支提窟寺，主要是供佛教徒礼拜之用。第254窟是北魏时期的代表窟，这个洞窟的建筑形制，反映了北魏时代佛教的盛行，石窟作长方形，前半部模仿中国内地住宅的前室，作人字披形顶，两披贴泥条以示椽子。后半部中央是一个方形中心塔柱，塔柱四面开龛，龛内彩塑佛像，两侧各塑一菩萨。前半部北壁画尸毗王本生、难陀出家因缘变，南壁画萨埵那太子本生、降魔变。四壁上部画天宫伎乐。此窟的萨埵那本生故事画是敦煌壁画中最优秀的一幅。作者把舍身饲虎的十几个场面巧妙地组织在一个方形画面中，全画突出表现萨埵那以竹刺身，流血投岩饲虎的生动形象，饿虎用中国秦汉金石雕刻虎形，用笔利落，产生形色配合、豪放沉着的效果。南北壁各5龛，其中4个拱形龛内塑坐佛，一汉式阙形龛塑交脚弥勒菩萨，冠饰十分近似基督教神像显示的哥特式风格。此窟全部千佛都以北魏的"铁画银钩"书法榜题佛名，工整有力。在人字披大梁下，用木质彩画的斗拱承托，这是我国现存最宝贵的北魏木质斗拱实物模型。早期洞窟都以供养弥勒为主尊。据佛经云，弥勒佛是佛的过去、现在、未来三世佛之一的未来佛。当释迦牟尼入涅槃时，曾对他的门徒说："我死后，在最坏的世道，还要以弥勒佛的身份再生于世，来拯救苦难。"十六国时期，战乱频繁，人民生活在无边的苦难中，渴望弥勒佛的降生，供养弥勒符合当时宣扬佛教的需要。

敦煌壁画可分为经变、本生故事图、尊像、供养人像、图案等组成部分。经变是将各种经文绘制成图画，本生故事是描绘释迦生前事迹的图画，尊像包括佛和菩萨的单身像、说法图、曼荼罗，供养人像是施舍财帛、修凿石窟的善男信女们的画像，他们以此表示自己的"功德"祈求佛佑，以得永生。图案主要作为装饰之用。这几个部分巧妙地组合在一起，布满了整个洞窟的墙壁。早期壁画主要是佛菩萨像和佛传故事、本生故事画。第275窟北壁毗楞竭梨伽本生，尸毗王本生和摩诃虞摩伽本生三个故事画，都画在较为艳丽的赭色地仗上，用绿、蓝、黑、白的原色描绘，虽然经过千百年风沙侵蚀，表层用墨色"铁线描"勾勒的人物造型线条已经脱落，肉色已经变灰，但仍显得鲜艳夺目。在这个洞窟的人物描绘上，正是用了敦煌早期洞窟壁画常用的方法。第257窟鹿王本生及第428窟的须达拿本生、萨埵那太子本生故事画，是艺术匠师们发扬民族传统的绘画风格和特色，精心绘制的横幅长卷画轴。从这些画中，我们看到千百年前古代画家如何用山水树石来作连环故事的各个不同情节的分段间隔，从而使整个画面古朴厚实，把人们带进了充满汉代风情的意境中。这正是唐代美术评论家张彦远在《历代名画记》中所述的"魏晋以降，名迹在人间者，皆见之矣。其画山水，则群峰之势，若钿饰犀栉，或水不容泛，或人大于山，率皆附以树石，映带其地，列植之状，则若伸臂布指。详古人之意，专在显其所长，而不守于俗变也"的处理方法。敦煌南北朝时期人物表现技法上流行"小"字脸和"e"字脸，这很可能是代表梁武帝时著名画家张僧繇所擅长的"笔才一二，象已应焉"的"疏体"画法。这位中国佛教艺术发展时期的大画家，还在南京一乘寺门上用天竺法画凹凸花，"朱及青绿所成，远望眼晕如凹凸，就视即平"。因此，人们就把一乘寺称为"凹凸寺"。在敦煌十六国、北魏天宫伎乐中出现凸凹画。这一切说明中国古代画家在佛教艺术传入中国之后所产生的变化。第285窟，是莫高窟壁画上保存有大统四年（538）、大统五年（539）题记的西魏洞窟。除西壁仍保持北魏惯用的大红地仗上着青绿黑白色绘画外，窟顶及南、东、北壁都是纯白衬托，一进此窟，就有清新明朗的感觉。这一时期画风有显著变化，人物面貌清癯，体态修长，大冠高履，褒衣博带。用曲铁盘丝、春蚕吐丝的描法"微加点缀，不求晕饰"的办法染颜面两颊，人物眉目开朗，嘴角含笑，仪态潇洒。这正是南齐（479—502）谢赫六法中"骨法用笔"的中国画特点。尤其生动的是窟顶四披画的中国古代神话传说中的伏羲、女娲和飞行旋转的各种神怪，使人们一进洞窟，就像跟随古代爱国诗人屈原走进两千数百年前的楚先王祠一样。屈原《天问》一章中所指的望舒、飞廉、雷师、重精、羽人、飞天以及忍冬花草等等，都在满壁风动。这充分表现了谢赫六法中"气韵生动"的民族艺术特点。此外画师们在窟顶的四披下部画满了在山林篱堆中苦修的佛门弟子，他们一尘不染地静心修炼。周围环境陪衬着山林树石和飞禽走兽，画工们以简练流畅的线条，表现了生动活泼的情景。早期彩塑保持简单朴实的汉魏陶俑传统的塑造方法，体现出浑厚概括的特点。

隋文帝统一中国（589）后，大力发展经济文化，崇信佛教，诏令30州起舍利塔，听任天下出家。并令计口出资写佛经，造佛像。仁寿二年（602）又在 51 州起舍利塔。逢天旱无雨，隋文帝请 300 和尚在长安祈雨。敦煌第 323 窟南壁唐代壁画中就反映了这段历史故事。莫高窟现存有开皇四年（584）、五年（585）及大业二年（606）题记的洞窟。隋代三十七年，在莫高窟修建的洞窟达 90 余窟。

隋代后期洞窟，把中心塔柱取消了，窟内有更大的空间，适于表现大幅画面，如第 420 窟，窟顶画了一整套法华经的故事画。隋代一般用土红的地色，千佛及佛身上的饰物，都以叶金装饰画面，加上青绿黑白色彩，非常富丽。这个时期比较复杂的说法图，在佛与菩萨的描绘上，线条有比较显著的顿挫，但仍属于细致的描法。人物在面相烘染上显出与北魏人物不同的，是集中在面颊上的红色向四面晕散。可以说明元人汤垕在《画鉴》中所说隋代展子虔的"画人物描法甚细，随以色晕开"的方法，也传到敦煌。随着丝绸之路上中西文化交流的开展，伊斯兰教、景教、祆教、摩尼教也相继传入中国，隋代敦煌壁画菩萨冠饰上由于摩尼教的影响，由宝珠改为火光，连飞天的头也改为拜火教的火光。这反映敦煌壁画的风格受到外来的影响。隋代壁画在主题内容上已出现了场面简单的维摩诘经变，为唐代盛行的经变画做了准备。隋代洞窟特别显著的是波斯萨珊王朝特有的对兽联珠纹样的出现。它装饰在佛菩萨的服饰、头光和龛楣上。此外，还有大量绘制在四壁上部的飞天，婀娜多姿，生动活泼。

隋代彩塑的题材丰富了，特别是弟子像已成为艺术匠师们热衷于表现的新对象。用魏晋以来往返中原和西域之间苦行进修的高僧形象作依据，使弟子像的塑造格外生动。早期"秀骨清像"的人物塑造，到此时已变得丰满壮实。第419窟的迦叶、菩萨，作者刻划（画）出了现实生活中一个历尽风霜而获得丰富智慧的高僧形象。菩萨的塑造已从南北朝的面部清癯、体态修长，逐渐过渡到丰腴圆润。佛像身披当时盛行的色彩艳丽的丝织物，全身妆金，显得富丽堂皇。在我国民族艺术传统发展演变过程中，短短的30多年的隋王朝是一个继往开来、承前启后的重要阶段。

唐代在李世民父子统治下，采取了一些缓和阶级矛盾和恢复生产的政策和措施，生产获得了迅速发展，唐朝开始走向昌盛富强。随着经济的发展，文化艺术也空前繁荣。唐代庙宇壁画的内容也更加丰富多彩。据历史记载，著名的大画师阎立本、张孝师、尉迟乙僧、吴道子等都先后在东西两京的慈恩寺、兴善寺、安国寺等寺院绘制壁画。武则天利用佛教为自己登基大造舆论。《旧唐书》云："（载初元年）有沙门十人伪撰《大云经》。"她宣布"自今以后，释教宜在道法之上，缁衣（和尚）处黄冠（道士）之前"。并下令全国各州建大云寺，收藏《大云经》，提倡造大佛像。敦煌莫高窟第96窟高达33米的大弥勒佛就是在这种历史条件下塑造的。由于统治者的提倡，当时"造寺不止，费财货者数百亿，度人无穷，免租庸者数十万"。

据《李怀让重修莫高窟佛龛碑》记载，莫高窟到唐代已有窟龛千余。当时"升其栏槛，疑绝累于人间，窥其宫阙，似神游乎天上"。现存莫高窟492个洞窟中，唐代洞窟就有247个，是莫高窟佛教艺术（的）全盛时代。唐代在石窟建筑形制方面也有新的创造，窟内不但取消了中心塔柱，一般接近我国寺庙大厅式布局，西壁佛龛内塑群像，有的一铺达9身者。这个时期由于崇信的需要出现了大涅槃窟。到了晚唐还有在佛坛后设一大屏壁。唐代壁画以规模较大的经变为主，几乎将整本佛经的复杂内容绘制成一幅。特点是场面壮丽，结构紧凑，装銮彩绘，金碧辉煌。庄严肃穆的整体气氛中还穿插许多生动细致的诸品故事画，基本上改变了魏、隋壁画那种横幅连环故事的组织形式。唐代佛教信仰净土。这种净土信仰虽然在南北朝时已经流行，但当时只泛泛地认为西方有极乐世界，死后可以得救往生。对于弥勒佛或阿弥陀佛净土还有一定的选择。初唐以后，阿弥陀净土的信仰占优势。道绰法师说："若一念阿弥陀佛，即能除却八十亿劫生死之罪。"敦煌壁画中西方净土变达120余幅。

敦煌壁画与中原画风是一脉相传的。有着唐代贞观十六年（642）题记的第220窟，比唐太宗诏阎立本绘凌烟阁24功臣像早一年。敦煌维摩诘变中的维摩诘和帝王、群臣，和阎立本的《历代帝王图》有共同之处。第220窟南、北壁各画一整幅东方药师变和西方净土变。这两幅经变画正如唐代诗人白居易所云："阿弥陀佛坐中央，观音势至二大士侍左右。天人瞻仰，眷属围绕。楼台伎乐，水树花鸟，七宝严饰，五彩彰施。"唐代大幅经变画的构图设色都不亚于意大利文艺复兴时期的教堂装饰绘画。这时的敦煌佛教艺术已达到炉火纯青的境界。它摆脱了随佛教而来的印度、波斯的影响，创造出富有民族特色的中国佛教艺术。早期供养人像仅绘在说法图或壁画下方，一般只有20厘米高。到了盛唐，供养人像有近2米高的，如第130窟"晋昌郡太守乐庭环"和"都督夫人太原王氏"。图中都督夫人面饰花钿，长裙曳地，雍容华贵，端庄虔诚。第156窟下壁南北绘《张议潮夫妇出行图》，每幅长8米，是一幅优秀的反映现实生活的历史人物画。图中鞍马车轿，百戏舞乐，场面巨大，形象生动，是前所未有的。这时期的山水人物已由北魏的"人大于山"发展到"人小于山"。如第217窟幻城喻品画，就是唐代名画家李思训"金碧辉煌"的重彩画法，颇有"咫尺千里"的透视效果。

唐代彩塑，在形象塑造上比魏、隋时期有了更精深的刻划（画）。造像一般都色彩富丽，体态丰满圆润、质感很强。佛像身披制作精细的锦绣裙袍和袈裟，佩戴美丽的金色饰物，给人以色彩缤纷的强烈感受。唐代艺术匠师们成功地塑造了许多引人注目的菩萨形象。那精心设计的衣裙线条，随着身体轮廓变化而轻轻起伏，有一种柔和的节奏感，更增加了娉婷婀娜、温柔优美的女性特征。"力士"与"涅槃"是两个新的表现题材。古代匠师们在塑造"力士"时，不仅在面貌、姿态上表现威武的神气，而且无微不至地塑出合乎解剖原理的健壮体格。第158窟的大涅槃像，不像欧洲艺术家表现基督受难那样作自然主义的悲剧性处理，也不像唐代以前许多本生故事画中那种流血牺牲的场面，而是按照佛经的记载，塑造得从容安详，像一唐代妇女宁静恬适的睡态，象征着对未来充满乐观的信念。第45窟保存着盛唐时期原塑原壁完好的灿烂色彩，肤色润泽，服饰富丽，彩塑和壁画浑然一体。

五代、宋时敦煌由曹议金家族统治 130 多年。曹氏采用东西联姻（的方式）巩固政权，在第 98 窟有曹议金的女婿于阗国王供养像高近 3 米，是莫高窟最大的供养人像。这时期洞窟形制，是在方形窟顶的四角凿一菱形，绘制四大天王，甬道绘供养人。窟内经变的配置均有定轨。曹氏家族在敦煌设置画院，修建了很多洞窟，那些洞窟中有"都勾当画院使"的供养人题名。宋代第 61 窟的五台山图，就是这个时期的代表作。画师以精练概括的手法和熟练的技巧，把中国山西省五台山周围的地理环境以及各种与佛教有关的胜迹一一描绘下来。这幅画不但说明了五台山很早以来就是佛教圣地，同时还反映了当时各阶层人民的生活。

第 61 窟南、西、北三壁下部，在 33 块屏风上绘制了近百个场面的佛传故事，而且是按宋代贵族生活环境及衣着来表现悉达多太子一生。这些画为我们研究当时的社会生产、人民生活提供了许多宝贵资料。

西夏人占领敦煌近 200 年里，只是在原来隋唐洞窟中重妆改绘，塑像极少。壁画色彩比较浓重，人物造型具有某些少数民族的特点。特别是折芦描的普遍使用，铁线描、游丝描的配合使用，提高了人物形象的真实性。元代统治者传播密教，壁画中密宗曼荼罗成为当时的主题，在技巧上有新的发展。

敦煌艺术取材于印度的佛经，但中国古代民间的艺术匠师绘制这些艺术品时，发扬了智慧和才能。他们突破了宗教的局限，创造性地从各个角度反映了当时的社会生活，表达了他们的爱和憎以及对美好生活的无限向往，使许多艺术珍品既富有民族特色，又充满了生活气息和现实主义精神。

敦煌艺术通过宗教题材反映的广阔的社会现象，使人们形象地了解到中国封建社会人民的生活面貌，为后人留下了丰富的社会生活各个方面的宝贵资料。

中国的雕塑和绘画艺术是继承了优秀的民族艺术传统，又吸收、融合了外来艺术的精髓而创造出来的，在美术史上占重要地位。敦煌艺术，为研究中国美术史，提供了丰富的实物，为批判地继承古代艺术传统，提供了借鉴资料。

20世纪初，莫高窟遭到劫掠和破坏，至今莫高窟犹存累累伤痕。新中国成立以后，莫高窟回到了人民手中，得到政府的关怀和重视，被列为全国重点文物保护单位，并设立了专门机构进行保护和研究，还采取各种措施，对过去自然和人为造成的破坏加以治理。现在，莫高窟的崖体已经加固，各层旧窟上下通连，面貌焕然一新。

这颗举世瞩目的灿烂明珠，在人民的怀抱中，放射出更加绚丽多彩的光辉。

敦煌莫高窟艺术

在碧天黄沙、贯通中西文化交流、友好往来的丝绸之路上，人类的智慧，随着玉门关外吹不尽的春风，静悄悄地在这里和那里，织出了珠宝一般闪闪发光的美丽的项链！

敦煌莫高窟就是在这条丝绸古道上沉睡了 1600 多年的沙漠中的明珠！当公元前 4 世纪的时候，在这个地方，人类文化历史发生了空前的大事，这件事是因为亚历山大东征开始的。当时亚历山大抱着征服全世界的侵略野心，一意孤行地带领军事、文化、艺术等方面的大军向东方迈进。他从马其顿出发横贯地中海，经过埃及沙漠……忽然间，人类文化历史上出现了一个意外的大事，就是希腊、印度、中国这三个各自封闭在不相闻问的世界一角而有高度文化和文明的国度，由于马其顿的东征，希腊发现了印度和中国两个新大陆，但这个新大陆不是哥伦布发现的遍布原始森林的美洲，而是发现了世界上有伟大文化历史的古国！她们是同时住在一个星球上的古国。于是希腊的文艺和印度的佛教以及由原来在祁连山活动的大月氏带去的古老中国的文化在交光互影的关系中培育了新的西域文明的果实。最后是公元前 139 年汉武帝派张骞出使西域，通过丝绸之路带回无比丰富的崭新的文化和艺术！

敦煌石窟是继新疆克孜尔石窟之后，修建在内地最大的最富丽的石窟群。它分布在敦煌瓜沙二州的莫高窟、榆林窟和西千佛洞三处，而以敦煌莫高窟规模最大、内容最丰富。据唐代圣历元年（698）《李怀让重修莫高窟佛龛碑》记载，（莫高窟）始建于前秦建元二年（366），在唐代已有"窟龛千余"。经过千百年自然和人为的破坏，至今仍保存了十六国、北魏、西魏、北周、隋、唐、五代、宋、西夏、元等10个朝代的洞窟492个，窟内有壁画45000余平方米，塑像2000余身，唐宋窟檐木构建筑5座，是世界上现存最伟大的佛教艺术宝库。

敦煌艺术是古代劳动人民在我国优秀民族艺术传统的基础上，吸收了外来艺术的有益成分，外为中用，经过千余年间连续不断的努力，创造的具有时代风格和民族特色的卓越的艺术品。如北魏艺术的粗犷放达，遒劲有力，以人物为主的特点，正如张彦远在《历代名画记》上所指出的："其画山水，则群峰之势，若钿饰犀栉，或水不容泛，或人大于山，率皆附以树石，映带其地，列植之状，则若伸臂布指。详古人之意，专在显其所长，而不守于俗变也。"它表达了中华民族敦厚质朴、卓越的创作成果。敦煌艺术经过约两个世纪的演变与发展，到了隋代（581—618）统一了中国，提倡佛教，大造龛像，敦煌修建石窟共90余个，石窟艺术的规模已更加富有民族特色。隋代艺术从粗犷遒劲的笔触到达渐趋细腻圆润的阶段，在赋色方面丹青之外还添加了赤金的点染，形成了金碧辉煌李思训式的时代风格，藻井与边饰图案的纹彩，显示出类似汉铜镜上的鎏金描画，与当时齐梁文化中的镶嵌工艺的做法相呼应。这个时期在莫高窟艺术中出现了不少来自波斯的联珠狩猎纹样，体现了这个时期丝绸之路上东西往来、文化交流的友好关系。就是这样，敦煌隋代艺术代表中国中世纪艺术，成为祖国民族艺术传统中继往开来、承先启后的桥梁。一般说来，代表中国隋唐艺术的敦煌艺术比古代中国艺术在形式和内容的现实倾向上丰富得多。它代表了中国文化具有全世界长时段的历史意义。伟大的文化战士鲁迅说过："在唐，可取佛画的灿烂。"敦煌唐代艺术，是中国佛教艺术中最为灿烂的时代（部分）。从初唐到开元天宝以后，在继承交光互影的十六国、魏、隋民族艺术传统的基础上，接受来自中原的画家顾恺之、阎立本、吴道子等民族绘画创作的经验，从而产生了规模宏大、具有丰富的现实内容的经变画和佛传、佛本生故事画等新的中国佛教绘画的主题内容，更严格地要求与之相适应的表现技术。"线描"是中华民族绘画传统中南齐谢赫的绘画六法中的"骨法用笔"主要表现技法之一，像《历代名画记》上所指出的瓦官寺顾恺之那壁"光照一寺"的《维摩诘经变》的人物塑造，就是靠画家一笔流畅的线描，画出了维摩诘凭几探身、奋髯蹙额、目光炯炯、激动兴奋地把对话投向文殊的刹那景象！这种线描，正如张彦远所形容的是"紧劲连绵，循环超忽，格调逸易，风趋电疾"的线描。可惜的是原画已毁。敦煌虽然没有顾恺之签名的画迹，但莫高窟有纪年题字的绘于贞观十六年（642）的第220窟东壁的《维摩诘经变》，和有纪年题记、绘于垂拱四年（688）的第335窟南壁的《维摩诘经变》的原画，可以窥探到顾恺之《维摩诘经变》艺术造就的梗概。不仅如此，通过上述第220和第335窟两窟的《维摩诘经变》，还可以把师法张僧繇的阎立本所画的《历代帝王图》来作一对照，这样，我们就会毫无怀疑地确认敦煌石窟艺术宝库，是一部活的美术史，它为我们系统地保存了自 4 世纪到 14 世纪千余年间中华民族的艺术传统。

　　五代、宋、西夏、元的艺术在承袭唐代的基础上，都在不同时代中表现了各自的风格。五代经过曹议金三代 130 多年的统治，在敦煌莫高窟和安西榆林窟中留下了不少曹家子孙开凿的石窟，形成了五代敦煌艺术一种独特的风格。他们创造了一种暴露在室外的大壁画，那种壁画地仗和设色的方法与敦煌传统习惯不同的是采取了类似湿壁画的用细沙调和石灰的方法。所画的壁画，至今已历八九百年，保存还相当完好。在安西榆林窟曹氏修建的洞窟中，还发现供养人题记中有"勾当画院"和"知画手"的题名，可以推测当时集结了他们统治的瓜沙二州匠师们从事曹家石窟的修建。因此，曹氏修建的洞窟规模较大，内容也比较丰富，一般绘画作风还继承了上代的风格，但绘画中已少有朱红和石青、石绿等鲜艳的色彩，可能是因为与中原隔绝，颜色来源断绝有关系。

　　元代，八思巴（为）蒙古人带来了密教，佛画中以密宗曼荼罗为当时流行的主题内容。用湿壁画的创作方法处理的壁画，第 3 窟南、北二壁的千手千眼观音不但壁画地仗的创作方法采用湿壁画的方法，即在赋色方面不用粉色，而采用了类似水彩的淡色的烘染，在千手千眼观音衣褶的线描方面，也出现了有压缩的莼菜和兰叶描法。这是对南齐谢赫"六法"论中骨法用笔的新发展。

　　综观敦煌石窟佛教艺术，从北魏到隋两个世纪中，可以显然看出当佛教和佛教艺术从天竺传入之后，在民族艺术基础上受到外来佛教图像造型艺术制作方法的影响；与云冈、龙门早期石窟艺术那样，同是中国佛教艺术发生和发展的阶段。但进入唐代以后，一直到五代、宋、西夏、元的八九百年中，中华民族艺术吸收并融合了外来的因素，成功地创造了富有民族特点的自己的艺术，是中华民族艺术进一步灿烂发展的阶段。由于新颖的佛教艺术的主题，促使我们从民族、民间生活的实践中，吸收艺术的语言，把佛教图像等一系列外来的、生疏的、不习惯的东西，披上民族色彩的外衣，演绎成大家懂得的"语言"，因而造型的色彩丰富了！人物组织的规模扩大了！现实的因素增加了！要使宗教迷信的幻想在现实生活中起作用，必须在情理所许可的范围内把"幻想"与"现实"糅合起来变成生动的造型，敦煌的飞天就是古代艺术匠师们创造出来的现实与幻想相结合的生动造型，它们的产生正是南齐谢赫"六法"中气韵生动的具体体现。如果将第321窟初唐的飞天与北魏第428窟的飞天相比较，我们可以发现二者有一个共同的东西，就是两处飞天都显示了它们的"动态"，它们都是用顾恺之的民族传统的线描来表达的。这种线描正如元代汤垕所说的，它"如春蚕吐丝，初视甚平易，谛视六法兼备。又如春云浮空，流水行地，皆出自然"（见汤垕《画鉴》）。第321窟的飞天和第428窟飞天都具有的动态是"气韵"，但第428窟的飞天缺少了生动的"形似"。"气韵"和"形似"都是中国绘画六法中的精髓，它们互相依存，缺一不可。宋代黄休复在他的《益州名画录》上说："今古皆言于六法。六法之内，惟形似、气韵二者为先。有气韵而无形似，则质胜于文；有形似而无气韵，则华而不实。"第321窟飞天的成功之处，在于气韵、生动二者兼而有之。敦煌唐代石窟艺术杰出的成就在于它们是基于民族绘画"六法"而创造发展起来的。

另外，在规模上，有雄伟浑厚、高达33米的大佛，也有灵巧精致只有10余厘米的小菩萨；有场面宏伟、金碧辉煌的巨幅经变画，也有形象生动、性格突出的单个人物画像。

这一切，都充分显示了我国劳动人民卓越的艺术才能和无穷智慧，同时也是研究从十六国到元代中国美术史的重要实物资料。我们今天批判地继承民族艺术传统，古为今用，它们是发展社会主义艺术的重要借鉴。

各时代的壁画，大量地反映了当时劳动人民进行生产活动的各种场景，如渔猎、农事、营造、推磨、舂米、制陶等；也描绘了一些生产、交通工具，如车船、农具、纺车、织机等；还保留了大量亭台楼阁、宫殿城池、塔寺店铺、桥梁水榭等古建筑形象。其他如婚丧、行医、学校、酒肆、商旅、宴会、音乐、舞蹈、杂技、兵器以及衣冠服饰等，都反映了不同阶层的不同生活侧面。这一切，对研究我国古代的政治、经济、军事、文化等方面提供了形象资料，有其一定的历史价值。

当我们正在欣赏敦煌石窟艺术的时候，不能不想到古代艺术匠师世世代代用他们毕生的精力，创造了辉煌的敦煌艺术，但所换得的只是封建社会的人间地狱。在藏经洞发现的塑匠赵僧子的《典儿契》就是千百年前无数艺术匠师苦难生活的写照。莫高窟北区小石窟仅有一个石炕的洞窟就是他们的住所。1963年我们在窟前遗址考古发掘中所得的陶质灯盏和调色碟，是他们生活和劳动的工具。阴暗的洞窟，是他们劳动的场所。画窟顶，他们需要登高架，仰卧执笔；画墙脚，得匍匐描绘。敦煌艺术的一笔一划（画）都凝结着他们的智慧，一窟一像都渗透着他们的血汗和艰辛。

这个古代艺术宝库不是一个孤立存在的静止的文物，它承先启后地保护了自十六国经过北魏、北周、西魏、隋、唐、五代、西夏、宋、元（等多个朝代），自4世纪到14世纪历代劳动人民不断修建创造的精华，是一座千数百年没有止境的有机的各自不断演变发展着的宝库。在这里我们既可以从历代壁画和彩塑中看到古代艺术家"曹衣出水"和"人大于山"的风格，又可以从中世纪艺术家"吴带当风"的飞天衣裳等美术史上已失传的造型记录，看出当时活跃在古代丝绸之路上的敦煌画家如何善于在继承民族艺术的传统上"古为今用""洋为中用"地发展他们自己时代的风格！

1978年7月27日

丝绸之路上的一颗明珠

——介绍敦煌莫高窟艺术

中西文化交流和友好往来的丝绸之路，像是古代人民用巨大的智慧创造出的一条光彩夺目的美丽项链，而敦煌莫高窟则是这条项链上的一颗明珠。

莫高窟俗称千佛洞，它在这条丝绸古道上已经沉睡了1600多年。公元前4世纪，希腊的亚历山大大帝怀着征服全世界的野心，带领大军向东方迈进。他从马其顿出发横穿地中海，经过埃及沙漠……后来，由于马其顿入侵，希腊发现了印度和中国两个"新大陆"，发现了世界上还存在着这两个（有着）伟大文化的历史古国。原来它们之间各自封闭、不相闻问的局面被打破了。于是希腊的文艺和印度的佛教文化逐渐东来，同由原来在祁连山活动的大月氏带去的古老中国的文化在大夏互相影响，孕育了新的西域文明的果实。最后是公元前139年汉武帝派张骞出使西域，通过丝绸之路正式沟通了东西文化和友好往来的关系。这就是敦煌石窟艺术产生的历史背景。

敦煌石窟是继新疆克孜尔石窟之后，修建在内地的最大、最富丽的石窟群，有莫高窟、榆林窟和西千佛洞三处，而莫高窟规模最大，内容最丰富。据唐代圣历元年（698）《李怀让重修莫高窟佛龛碑》记载，敦煌石窟始建于前秦建元二年（366），到唐代已有"窟龛千余"了。这座石窟虽然经过千百年自然和人为的破坏，至今仍保存了十六国、北魏、西魏、北周、隋、唐、五代、宋、西夏、元等10个朝代的洞窟492个，窟内壁画4.5万余平方米，塑像2000余身，唐宋木构窟檐建筑5座，成为世界上现存最大的佛教艺术宝库。

敦煌艺术是古代劳动人民在我国优秀民族艺术传统的基础上，吸收了外来艺术的有益成分，千余年间连续不断地努力所创造出来的具有时代风格和民族特色的卓越艺术。如十六国和北魏艺术，具有粗犷放达、遒劲有力、以塑造人物为主的特点，它表现了中华民族艺术的质朴，是源于生活、高于生活的创作成果。经过约两个世纪的演变，到了隋代（581－618），隋炀帝提倡佛教，大造龛像，在隋朝统治时期，敦煌修建的石窟多达90余个，石窟艺术也更加富有民族特色。粗犷遒劲的特点被细腻圆润的笔触所代替；在赋色方面，丹青之外还添加了赤金的点染，形成了金碧辉煌的李思训（唐朝人，善画，世称大李将军）式的时代风格。藻井与边饰图案的纹彩，显示出类似汉铜镜上的镂金描画，与当

时齐梁文化中的镶嵌工艺的做法相呼应。此外，这个时期在莫高窟还出现了不少来自伊朗的联珠狩猎纹样，体现了这个时期丝绸之路上中西文化交流的友好关系。就是这样，敦煌隋代艺术代表着中国中世纪艺术，成为祖国民族艺术传统中继往开来、承先启后的桥梁。

伟大的文化战士鲁迅说过："在唐，可取佛画的灿烂。"敦煌唐代艺术是中国佛教艺术最为灿烂的时代（部分）。这是因为从初唐到开元、天宝及其以后，敦煌艺术在继承十六国、魏、隋民族艺术传统的基础上，接受了来自中原画家顾恺之、阎立本、吴道子等民族绘画创作的经验，产生了规模宏大、具有丰富现实主义内容的经变画和佛传、佛本生故事画等新的中国佛教图像的主题内容。同时，也出现了更严格地要求与之相适应的表现技术，譬如线描，这是南齐谢赫绘画六法中"骨法用笔"的主要表现技法之一。《历代名画记》上说，瓦官寺顾恺之的维摩诘经变画的人物塑造，就是靠画家一笔流畅的线描，画出了维摩诘凭几探身、奋髯蹙额、目光炯炯、激动兴奋的神态，可惜这幅画已毁坏。敦煌虽然没有顾恺之签名的画迹，但是从绘于贞观十六年（642）的维摩诘经变、绘于垂拱四年（688）的第335窟南壁与盛唐第103窟东壁的维摩诘经变的画面，可以看到顾恺之维摩诘经变艺术成就的梗概。

五代、宋、西夏、元都在承袭唐代艺术的基础上，表现了各自不同的风格。五代以后，经过河西归义军节度使拓西大王曹议

莫高窟第103窟　主室东壁　维摩诘经变局部（敦煌研究院供图）

金祖孙三代130多年的统治，敦煌莫高窟和安西榆林窟中留下了不少曹家子孙开凿的石窟，形成了五代敦煌艺术中一种独特的富有民间色彩的风格。他们创造了一种类似意大利文艺复兴时期的大壁画，并且至今还保存得相当完好。曹氏修建的洞窟，规模较大，内容也比较丰富，绘画作风虽然继承了上代的风格，但是绘画中很少用朱红和石青、石绿等鲜艳的色彩，可能是当时这里与中原隔绝而使颜料来源断绝的缘故。

元代藏族人八思巴带来了密教，佛画中流行密宗曼荼罗，创作方法如赋色、描线等，都有新的发展。

综观敦煌石窟艺术，从北魏到隋，可以明显地看出当佛教和佛教艺术从天竺传入之后，我国民族艺术受到外来佛教图像造型艺术的影响，这种艺术同云冈、龙门早期石窟艺术一样，都处于中国佛教艺术发生、演变和发展的阶段。进入唐代以后，一直到五代、宋、西夏、元的七八百年中，我国民族艺术吸收并融合了外来的艺术因素，成功地创造了富有民族特点的自己的艺术。它的特点是以新颖的佛教艺术为主题，又从我们民族的民间生活实践中吸收艺术手法，把佛教图像等一系列外来的、生疏的、不习惯的东西披上民族色彩的外衣，因而造型的色彩和主题更丰富了，人物的组织规模也扩大了。要使宗教迷信的幻想变成现实，必须在情理所许可的范围内把"现实"与"幻想"糅合起来变成生动的造型。这就是一种现实主义和浪漫主义相结合的创作方法。敦煌第321窟的飞天就是盛唐时期艺术匠师们创造出来的这种生动的造型。"气韵"和"形似"是中国绘画六法中的精髓，它们互相依存，缺一不可。宋代黄休复在他的《益州名画录》上说："今古皆言于六法。六法之内，惟形似、气韵二者为先。有气韵而无形似，则质胜于文；有形似而无气韵，则华而不实。"敦煌飞天的成功之处，就在于气韵、形似二者兼而有之。敦煌唐代石窟艺术的杰出成就在于此，它们是运用民族绘画六法而创造发展起来的。

另外，在规模上，敦煌艺术既有雄伟浑厚高达33米的大佛，也有灵巧精致仅有10余厘米的小菩萨；有场面宏伟、金碧辉煌的巨幅经变画，也有形象生动、性格突出的单个人物画像。

这一切，都充分显示了我国劳动人民卓越的艺术才能和无穷智慧，同时也是研究中国美术史从十六国到元代的重要实物资料。它为我们今天批判地继承民族艺术遗产、古为今用、发展社会主义艺术，提供了重要的借鉴。

莫高窟各时代的壁画中，描绘了大量反映当时劳动人民进行生产的各种场景，如渔猎、农事、营造、推磨、舂米、制陶等；也描绘了一些生产、交通工具，如车船、农具、纺车、织机等；还保留了大量亭台楼阁、宫殿城池、塔寺店铺、桥梁水榭等古建筑形象；其他如婚丧、行医、学校、酒肆、商旅、宴会、音乐、舞蹈、杂技、兵器以及衣冠服饰等，非常广泛。这些都反映了不同阶层不同生活的侧面。这一切为研究我国古代的政治、经济、军事、文化等历史提供了形象资料。

当我们研究敦煌石窟艺术的时候，不能不想到创造了辉煌的敦煌艺术的千百万匠师们人间地狱般的生活。在藏经洞发现的塑匠赵僧子的《典儿契》，就是千百年前无数艺术匠师苦难生活的写照。莫高窟北区小石窟仅有一个石炕的洞窟，就是他们的住所。1963年我们在窟前遗址考古发掘中发现的陶质灯盏和调色碟，是他们的生活和劳动的工具。阴暗的洞窟，是他们劳动的场所。画窟顶壁画时，他们需要登高架，仰卧执笔；画墙脚时，他们得匍匐描绘。敦煌艺术的一笔一画都凝结着他们的智慧，一窟一像都渗透着他们的血汗和艰辛。

20世纪初，随着帝国主义入侵我国的加剧，莫高窟也遭到劫夺和破坏，至今壁画上犹存的累累伤痕，就是历史的见证。新中国成立后，敦煌艺术宝库回到了人民的怀抱，得到中国共产党和人民政府的重视。中华人民共和国成立不久，国家即改组成立了敦煌文物研究所，开始对石窟文物进行科学保护和研究。1961年莫高窟、榆林窟、西千佛洞由国务院公布为全国重点文物保护单位，并且在敬爱的周总理亲切关怀下，国家批准了对敦煌石窟进行全面维修的工程。1963年动工，到1966年冬，已加固了南北两区195个石窟，修建了长达4000余米的栈道长廊。莫高窟成为内容最丰富、规模最宏大的画廊。

莫高窟，这颗美丽的明珠，在人民的怀抱中，将放射出更加绚丽的光芒。

编者注：原载《光明日报》1978年12月27日。

著名的敦煌石室，是中古时代我国西北多民族地区文化、艺术、语言、文学、宗教思想的总汇。敦煌，《后汉书·郡国志》引《耆旧记》说它是"华戎所交，一都会也"，说明这个历史名城很早的时候就已是我国西北各族人民聚居、活动和交流的地方。汉武帝于建元二年（前139）派张骞出使西域，积极开辟通向西方、驰名于世的丝绸之路，敦煌恰当这条道路的要冲。元鼎六年（前111）设置了敦煌郡的建制，使它与东边的酒泉、张掖、武威相连成为河西四郡，这就进一步确立了它在历史上的重要地位。自公元1世纪佛教传入中国开始，在丝绸之路上，不知多少行脚僧留下了往来的足迹，敦煌是他们的必经之地。根据敦煌文物研究所藏武周圣历元年（698）《李怀让重修莫高窟佛龛碑》记载，前秦建元二年（366），乐僔和尚在敦煌的鸣沙山创建了莫高窟最早的洞窟，历时千数百年、奇迹般的敦煌佛教艺术创造即由此发端。

魏晋南北朝时期，是我国历史上分裂割据、战乱频仍、充满痛苦和灾难的时期，同时也是民族大融合、中外经济文化广泛交流的时期。在那个时代里，在河西走廊一带建立地方政权的少数民族，带来了同中原农业地区迥异的风俗和文化，具有粗犷放达、亢爽明朗的特征。早期洞窟的壁画，如第272、275等窟，在土红底色上，用简练而质朴的笔触与强烈对比的色彩描绘出菩萨、飞天和本生故事画，其浑厚雄健的气魄跃然于画壁之上。我们仿佛听到那些游牧人伴着胡角和羌笛声振大漠的歌唱。随着中国与印度、尼泊尔等地佛教徒的频繁往还，经书和图像粉本源源而来。就敦煌和新疆库车、吐鲁番等地发现的古代写经文书来看，除汉文外，还有西域大月氏、粟特、龟兹、回鹘以及蒙古、藏等各种文字的传写。现存西晋元康六年（296）由曾经在敦煌居住过的月氏人竺法护所译述的《诸佛要集经》的当时写本，早过莫高窟始建约70年之久，它那奇特挺拔的书法，诚如当时王珉在《行书状》中所形容："邈乎嵩岱之峻极，烂若列宿之丽天。伟字挺特，奇书秀出……虎踞凤跱，龙伸蠖屈。"若将这样的写经同稍后出现的敦煌北朝壁画及彩塑作比较，可以发现，它们的神韵和风采是何等相似或一致。古代敦煌的画师和塑匠们既融合了我国西北各族人民的才智和创造力，同时亦受到来自印度、伊朗、希腊的宗教与艺术的启迪和刺激。他们勇于变革和创新，发挥了丰富的想象力和无比的热忱，从而使早期的莫高窟艺术，由彩塑到壁画，由佛、菩萨像到飞天、伎乐、供养人像，由人物形象到故事情节，由线描、色彩到造型、构图，无不飞翔腾达，虎虎有生气。

莫高窟艺术的中心是人物，它以中古时代的宗教热情画人物、塑人物、诉说人物的故事，刻画出许多具有性格特征的人物形象；它手法细腻，十分注重整体效果，处处讲究意境和装饰美，从而富于浓郁的东方色彩。早期石窟多以千佛、说法、降魔、涅槃和本生故事为主，其故事情节大体采取横卷形式展开。隋唐时代，石窟壁画布局插入了较大规模的经变画。有的本生故事改变为屏风或立轴的形式，同大幅大幅的经变画结合在一起。经变画里居中的是佛，密密匝匝地簇拥着众多的菩萨、弟子、天龙八部等。如果是西方净土变，则靠下还有乐队和舞蹈，宝池中有莲花化生，亭台楼阁之上装点着彩云、天花和飞翔的香音神；佛像庄严，菩萨婀娜，护法威武，童子天真，宏大而完整的构图表现出一派富丽堂皇、华美隆盛的景象。这时，由于建立了统一的封建大帝国，我国南方和北方，中原和西域各有不同特点的艺术风格，外来影响和民族传统融合成一个统一的整体。早期那质胜于文的风貌和锋芒毕露的热情，变得圆润，变得含蓄，变得柔和，变得文雅，无论人物、山水、界画，皆走向成熟，进入了佛教艺术灿烂的鼎盛期。这以后，五代、宋、西夏、元各代，又将唐代艺术的传统加以延续和发展。现在保存着的492个洞窟、1400多身完整的塑像和4.5万平方米的壁画，都是出自于1000年间无数默默无闻的画工、塑匠的辛勤劳动，是了不起的创造。已故的郑振铎先生说得好："我们在这里可以看出，他们是多么勇敢，多么（有）耐心，多么有气魄地表现着历代的社会生活，表现着形形色色的人间，表现着喜怒哀乐的面相，表现着历代的衣冠制度，表现着历代的舟车和耕种的方式。"莫高窟实在是无价的艺术宝藏！

艺术而外，公元 1900 年 5 月 26 日敦煌石室秘藏的发现，至今也已整整 80 年了。从那时起，敦煌文物逐渐受到全世界的广泛重视，引起研究的热潮，世界上出现了一种专门的学问，叫作"敦煌学"。与此同时，敦煌文物也受到了严重的破坏和盗劫。

新中国成立后，完成了大规模的敦煌石窟维修工程，珍贵的艺术品得到良好的保护。敦煌文物研究所对敦煌文物进行了系统的整理和研究，并进行了大量的临摹复制。此外，使用科学的方法，借助现代的摄影技术和印刷技术，将幸存的文物编印成精美的图录，这是更久远地保存石窟文物必不可少的手段。值此举国奋力争取早日实现四个现代化的今天，我们通过整理印行东方艺术的这一菁华，以期有所贡献于世界。

编者注：原载《中国石窟·敦煌莫高窟》第1卷，文物出版社、平凡社1981年12月。

《敦煌艺术宝库》序

敦煌石窟为古代中国西北众民族居住地区，乃文学、语言、宗教、思想等文化至尊至贵之宝库。《后汉书·郡国志》引《耆旧记》曰：敦煌"华戎所交，一都会也"。这一历史上风光著名之城市，位居中国西北，早时即有各民族定居于此，时有商队往来，为一文化交流之地。汉武帝于建元二年（前139），派遣张骞出使西域，积极寻求前往西方之途径，此即历史上有名之丝路。敦煌即位于丝路之要冲。元鼎六年（前111），设置敦煌郡，与东方之酒泉、张掖、武威连成河西四郡后，更确立敦煌之历史重要性。1世纪后，佛教传入中国，往来于丝路之行脚僧，足迹难以胜数，而敦煌为行脚僧所必寄寓之地。据敦煌文物研究所收藏之武周圣历元年（698）《李怀让重修莫高窟佛龛碑》所记，前秦建元二年（366），名僧乐僔于敦煌鸣沙山东面断崖，创建莫高窟最初之窟龛。经一千数百余年迄于今日，依然奇迹似的保存下来之敦煌佛教艺术，即自此发端。

　　魏晋南北朝时期为中国历史上诸力分裂割据、战祸绵延、天灾人祸频仍之动荡时代，同时亦为民族大融合，中国与诸外国经济、文化广为交流之时代。其时，于河西走廊一带树立地方政权之少数民族，以其与中原农业地带相异之风格，于边疆民族之荒漠中，独具阔达、明快之性格。例如，早期第272、275窟等之壁画，于红褐色之底色上，绘以笔致质朴，简洁得要，与底色相对照之鲜丽赋彩，如菩萨、飞天、本生等之佛教故事图，雄浑之气魄，跃然于画面之上，仿佛能听闻自沙漠中传来游牧民族的胡角、羌笛及悦耳嘹亮之歌声。由于中国与印度、尼泊尔等之佛教徒往来频繁，经典及图像之粉本流传未有间断。自敦煌及新疆库车、吐鲁番等所发现之古代写经及文书，除可见汉文之外，亦有西域之粟特、龟兹、回纥，乃至西夏、蒙古、西藏等种种文字之传本。居住于敦煌，被称为"敦煌菩萨"之竺法护之译述《诸佛要集经》，为现存写本之一，写于西晋元康六年（296），较莫高窟之创建约早七十年。其卓拔之书法，如当时王珉于《行书状》中所形容："邈乎嵩岱之峻极，烂若列宿之丽天。伟字挺特，奇书秀出……虎踞凤跱，龙伸蠖屈。"与写经稍后出现之敦煌北朝期壁画、彩塑相比较，无论作风及品格皆颇相似，甚至一致。古代敦煌之画家及雕塑家，融合中国西北诸民族之才智与创造力，同时受到印度、伊朗等宗教、艺术之启发和刺激，复经工匠大胆加以变革，尝试新的创造，其丰富之想象力与热情，使早期之莫高窟，自彩塑至壁画，自佛菩萨像至飞天、伎乐、供养者，此外，自个个人物形象至故事之情景，其无论描线、色彩、造型及构图，均达到生机盎然、栩栩如生之表现。

莫高窟艺术以佛像为中心，将宗教之热诚发挥得淋漓尽致。或为画像，或为塑像之表现方式，又以佛、菩萨来述说种种佛教故事，创出各具特色之形象。其手法独到且皆能表达整体效果，佛教本身之装饰亦可见耗费工夫甚巨，具有浓厚之东方色彩。早期之壁画多为千佛、说法、降魔、涅槃之图像，此外亦以佛教说法图等为其主题，尤以故事图多采用横长面上展开之画卷形式，最为独特。隋唐时代，壁画中规模较大之经变图出现，佛教故事图及屏风，亦改变为挂幅形式，与大幅之经变图组合为一体。经变图多描绘佛，会聚之菩萨、弟子、八部众等，西方净土变图下方有伎乐和舞俑群，宝池中莲花丛生，亭台楼阁之上，有彩云飘浮，天花自天而降，飞天漫舞。无论是佛、姿态优雅之菩萨，威武之护法神，及天真烂漫之童子，合为一壮丽而完整之构图，具体呈现出上界的庄严。由于诸国统一，成立封建大帝国，中国之南方与北方，中原与西域各具有特征之相异艺术样式，因外来之影响与民族之传统，相互融合为统一之形式，将敦煌早期热情洋溢之内容，表现率真之艺术作风，渐次转变为圆满中富含蓄气息，柔和又不失典雅之风格，无论人物、山水皆渐趋成熟，佛教艺术自此正达灿烂隆盛之巅峰时期。其后之五代、宋、西夏、元各朝代，秉承唐代艺术之传统而持续发展。敦煌现存四百九十二窟石窟中，共保存有一千四百余尊塑像和四万五千余平方米之壁画，作者皆为历代名画家、雕塑家，倾毕生之心力，默默耕耘，流传千年文化之精髓，发挥其努力与非凡之创造力，而臻于至高之境界。已故之郑振铎曰：吾人可自其中，窥见时人之勇敢、耐性与气魄，及历代社会生活、形形色色人物，凡人之喜怒哀乐，及各时代衣冠制度，舟车与农耕之方式。莫高窟之被称为艺术之宝库，可谓当之无愧。

清光绪二十六年（1900）五月二十六日，敦煌藏经洞发现以来，至今已经过八十余年。这段时间，敦煌之文物，受到全世界广泛之注目，与此有关之研究风气日益高涨，并出现称为"敦煌学"之国际性专门学问。但与此同时，敦煌文物竟蒙受破坏与盗掠之劫难。

近年来，完成敦煌石窟之大规模保存修理工事，珍贵艺术于是受到良好保护。另一方面，敦煌文物研究所针对敦煌文物，进行系统之整理与研究，及大量之临摹复制作业。幸而倚赖现代之优良摄影技术及印刷技术，而得以编纂成精美之图录，以使得石窟之文物得以永久保存、流传。

敦煌莫高窟

——代序

敦煌石窟，是中土古代西北多民族地区所留存下来的艺术、文学、宗教、思想及语言学等文化的唯一贵重宝库。在《后汉书·郡国志》所引的《耆旧记》里，便有敦煌为"华戎所交，一都会也"的记述，因而这个著名的城市，不仅早为中土西北各民族居住、生活之处，同时也道出此地是商队来往交会与文化相汇融的场所。汉武帝于建元二年(前139) 派遣使者张骞出使西域，就是积极地力求西域之道的开发，而此道，即是历史上著名的丝绸之路，所谓的敦煌之地，正位于此道的要冲上。元鼎六年（前111），设置敦煌郡，且与东方的酒泉、张掖、武威相连而为河西四郡，因而，其后的敦煌就确立了它在历史上的重要地位。至1世纪，印度的佛教开始东传我国，这时来往于丝绸之路上的行脚僧，实在真不知留下多少足迹。然而，这个敦煌，必为此等行脚僧们于中途落脚休息之地。若依敦煌文物研究所藏的武周圣历元年（698）《李怀让重修莫高窟佛龛碑》记载则知，在前秦建元二年（366），僧乐僔于敦煌鸣沙山的东面断崖创建了最早的莫高窟的窟龛。今天，那历经数千百年、几乎可说是奇迹般地保存下来的敦煌佛教艺术，即是发端于此，不断绵延。

　　魏晋南北朝时期，是中国历史上分裂割据、战乱不绝、灾难不断的一个时代；同时亦是民族大融合，中土与诸外国经济、文化广泛交流的时代。这时，在河西走廊一带建立地方政权的少数民族，虽带来了风格与中原农业地带颇有相当差异的文化，但是，此等边境民族所具有的粗犷性格，具有阔达、明快的色彩。例如，早期的第272、275等窟的壁画，赤褐色底色上以简洁、得其要领的质朴笔致及与此等底色相对照的鲜艳赋彩，描绘出菩萨、飞天和佛说法图、本生故事等，画面跃然显露雄浑的气魄。此中，再伴以游牧民族的胡角、羌笛，令人真如身历其境，听闻震响沙漠大野的歌声。此际，随着佛教徒们频繁往来于中土与印度、尼泊尔等国之间，亦持续不断地带来了经典及图像底本。从敦煌、库车、吐鲁番等地所发现的古代写经与文书，除了汉文之外，还有粟特、龟兹、回鹘、西夏、蒙古文和藏文等文字。曾经居住于敦煌而被呼为"敦煌菩萨"的竺法护所译述的《诸佛要集经》，是西晋元康六年（296）的写本，是一件早于莫高窟创建70年的真迹。那卓越的书法，正如当时王珉于《行书状》中所形容的："邈乎嵩岱之峻极，烂若列宿之丽天。伟字挺特，奇书秀出……虎踞凤跱，龙伸蠖屈。"这样的写经，若与稍稍其后所出现的敦煌北朝壁画、彩塑相比较的话，可知此等作风、品格，皆相拟似，且为一致的。古代敦煌的画家、雕塑家们，不仅融合了中土西北诸民族的睿智与创造才能，同时亦受印度、伊朗等的宗教、艺术启发与刺激，故其时工匠们亦大胆地变革与全新地创造尝试。他们以此等丰富的想象力与无比的热情，在莫高窟早期的彩塑、壁画上，从佛、菩萨到飞天、伎乐、供养人，从人物形象到画面情景，其描线、色彩、造型、构图等的一切纵横挥洒，达于生机盎然、跃动瑰丽。

莫高窟艺术的中心，是在佛像身上，是敦煌一地宗教性热情的散发。其中，有以画像的，或以塑像的，借此不仅畅述有关佛、菩萨的种种故事，而且创造出具有各种特征的众多形象。其手法，谨慎细致，不仅致力于整体性的效果，而且连其佛像自身的种种装饰，亦极尽心思地缀补，使其更浓厚地达于凝聚东方性格的色彩世界。早期的壁画，多为千佛、说法、降魔、涅槃等图像，甚而佛教故事画等也作为主题。特别是故事画，则全部采用横长画面的卷轴展开故事。直至隋唐时代，为之一变，壁画中始出现比较大规模的经变图，而且佛教故事画，亦有改为屏风或挂轴的形式再与此等大经变图作整体性组合式的构图。就经变图而言，虽描绘有聚集着多数菩萨、弟子、八部众等，但若以西方净土变为例来看，即图的下方为伎乐舞蹈，宝池上为丛生莲花和化生，亭台楼阁上为彩云飘花、飞天翻舞；此中，再以端庄的佛、优雅的菩萨、威武的护法神、天真烂漫的童子等交相配合而为庞大极致的构图，展现出无尽的庄严世界。大唐时代，不仅统一了全国，而且奠定了封建大帝国的基础，中土的南方与北方、中原与西域，诸种相异特征的艺术风格，甚至外来影响与民族传统，皆相融合成一统的性格。因而，此中敦煌早期的那种不局限于形式而以其热情率直所表现的艺术风格，渐渐地显现出圆满含蓄、优雅柔和的风貌，不论山水、人物、界画，皆倾向于成熟，达至于佛教艺术绚烂的隆盛时期。此后的五代、宋、西夏、元各时代，就踏袭承继着唐代艺术的传统。今天，在这有 492 个窟的敦煌石窟里，保存着 1400 余尊塑像、4.5 万平方米的壁画，而此等，皆是不留名的画家、雕塑家们历经千年岁月默默地、孜孜不倦地以非凡的创造魄力而创建的世界大宝库。此正如已故郑振铎氏所云，我们从此中，能窥视到他们是如何的勇敢，如何的矢志精诚，且以其大无畏的气魄，表现了历代的社会生活、种种人们的喜怒哀乐，甚而各时代的衣冠制度、舟车或农耕方法。这实在是适切得当的一语。确实，只有莫高窟才足以配称一座无与伦比的艺术宝库。

自 1900 年，即清光绪二十六年五月二十六日的敦煌藏经洞发现以来，到今天，正好历经 80 年的岁月。此间，敦煌的历史文物，渐渐地成为世界性的注视焦点，因而，与此相关的研究，亦渐扩大深入，终于出现所谓"敦煌学"专门学问的诞生。然而也因种种不幸，即与此同时的敦煌文物，亦遭受到极其惨烈的破坏与盗劫。

其后，敦煌石窟大规模的保存与修理工作，逐渐完成，宝贵的各种艺术品，亦得到良好的保护。再者，敦煌文物研究所亦对敦煌文物做了系统性的整理与研究，同时展开大量的临摹复制作业。非常幸运的是所留存下来的敦煌文物，利用今天先进的照相技术与印刷技术，编纂成精美图录。而此，更是对石窟文物永远保存与留传不可或缺的。今天，缘以邻邦东瀛的厚意，两国学者与出版者协力合作，终于完成《中国石窟·敦煌莫高窟》五卷的出版，不仅促进了两国文化交流的新发展，同时亦是对两国甚而是对世界文化发展所做的贡献。

编者注：原载《敦煌艺术图典》，艺术家出版社1991年3月。

附 录

参观敦煌艺术摄影展览有感

最近，我有机会参观了正在北京美术馆举行的敦煌艺术摄影展览，欣赏之余，往事萦回，感慨万千。

敦煌艺术，是我国民族艺术中的奇葩。在敦煌莫高窟，保存了从 4 世纪到 14 世纪 1000 多年间的许许多多历代壁画和彩塑。仅壁画就有 4.5 万多平方米，如将这许多壁画连接起来，足以布置一个长达 25 公里的画廊。世界上哪里有这么富丽、宏伟的画廊？到敦煌参观的中外人士，在这举世无双的瑰宝面前赞叹不已，流连忘返，无不陶醉在这蔚为壮观的古代艺术宝库之中。

20 世纪 40 年代初，当我到达敦煌莫高窟之后，我是多么渴望能将这一宝库中的无数艺术珍品通过摄影形象记录下来以利保存，同时又可以再现在广大人民群众眼前，让人们共享。但是，这在当时只能是一种奢望。

20世纪初期，沙皇俄国的奥登堡、英国人斯坦因和法国人伯希和来到敦煌，他们最早用摄影技术记录了敦煌艺术。由于当时的摄影器材和技术都很落后，这第一批记录敦煌艺术的照片，效果很差。但在当时，这是唯一珍贵的照片资料，也引起了国际上的重视。

1942年，我开始筹建敦煌艺术研究所之初，就很想同时把摄影工作开展起来。当时处于抗日战争时期，物质困难，摄影人才缺乏，经多方努力，才找到一个名叫罗寄梅的人，他表示愿意随我去敦煌从事摄影。谁知他后来以敦煌水质不好、难以冲洗为借口，将他在敦煌两年多拍摄的全部胶片席卷而去。

全国解放之后，敦煌石窟得到了党和政府的重视和关怀，敦煌文物研究所增添了摄影专业人员，开始系统地拍摄敦煌石窟中各个历史时期的重要艺术作品。但限于当时的物质条件，所拍的主要是黑白照片。1966年初，我们曾计划系统地拍摄一批彩色照片，后因"文化大革命"开始而未能如愿。

粉碎"四人帮"之后，如何更好地将这重大的文化遗产通过摄影艺术形象地记录下来，成为当务之急。今年，在新华社各级领导的支持下，摄影记者冀连波、佟德印等同志和我所负责摄影的同志通力合作，经过将近半年的艰苦工作，拍摄了一批系统介绍敦煌艺术宝库风貌的彩色照片。我数十年前的奢望，终于如愿以偿。这次展出的就是其中的一部分。

此次展出的 200 余幅彩色照片，是敦煌石窟中各个历史时期的代表性作品。并且，全部用彩色照片表现敦煌艺术的展览，这在我国开展敦煌学研究以来还是第一次，受到了广大观众的欢迎。这次展出的彩色照片，主要特色是艺术效果很好。它如实地再现了敦煌艺术的面貌，给人以强烈的艺术感受。

莫高窟的洞窟，一般光线都比较暗淡，这对摄影工作造成一定的困难。但作者在拍摄这批艺术珍品时，非常讲究用光。为了保护这些珍贵的历史文物，我们采取日光折射的方法，充分利用窟外的自然光，从而使这批彩色照片层次丰富，色调柔和，真实自然，色彩接近原作，它们浑然一体地反映了石窟艺术历经千百年而长存的灿烂光辉。

从内容上来说，作者注意从多方面反映敦煌艺术的特色。照片既有表现巨幅壁画、整铺彩塑的大场面，也有刻画人物的特写、作品的细部。当人们站在一幅幅色彩斑斓的照片面前，就会感到强烈的时代气息和丰富多彩的民族艺术特点，仿佛跨进了中国美术史的百花园中，见到了画中的那个时代及那个时代的民族色彩。社会生活，历历在目，跃然纸上，而画中的人物又都栩栩如生，呼之欲出。我们似乎见到了行云舒卷，又似乎听到了流水有声。

照片中的飞天，也是千姿百态、轻盈袅娜。

总之，这次展出的许多幅彩色摄影作品，将敦煌艺术描绘细腻、色彩绚丽的特色作了生动、如实的再现，真是琳琅满目，美不胜收。

敦煌艺术彩色照片的作者们，在这次摄影再创作中付出了艰辛的劳动。将近半年的时间里，他们在流沙中，在烈日下，在狂风里，来回奔走在高达三四十米、长达千余米的崖壁上，逐个洞窟考察，精心选择拍摄角度。有时为了摄取一个富有表现力的镜头，他们或仰卧在洞窟的地上，或躺在佛龛内，或攀登数米高的梯架。他们以忘我的精神克服困难，比较成功地完成了这一光荣任务。

我欣慰地在这 80 年代前夜看到了彩色文物摄影艺术工作中的一个突破。衷心希望在这次展览会的基础上，将有更多更好的表现敦煌艺术的摄影作品问世，为实现四个现代化尽更大的力量。

编者注：原载《光明日报》1979年12月12日。

敦煌的"万里长城"

1942年底的一个大雾之晨，我离开了重庆珊瑚坝机场。一路上历经艰难，终于在一个阳光明丽的日子里，到达了敦煌。敦煌，这个我早在巴黎吉美博物馆就发现了的祖国的文化艺术宝库，是那样的雄伟，那样的绚美，那样的惹人喜爱。

敦煌石窟始建于公元366年（五胡十六国的前秦建元二年），到唐代圣历元年（698）《李怀让重修莫高窟佛龛碑》记载，当时已有大小石窟龛一千多个，以后又继续不断地创造发展着。莫高窟是中国石窟寺中现存规模最大的一个，现有洞窟492个，壁画总面积共计44830平方米。无数个开凿在峭壁上的石窟，栉比相连，垒垒如蜂房；窟内的那些佛像，千姿百态，色彩绚丽。它们仿佛在微笑着，欢迎我们这些远来的客人。我站在这些浩如烟海的壁画面前，宏伟新奇之感油然而生。我细细地算了一下：如果将这些壁画排成2米高的画面，放在一个回廊里，那么这个画廊的长度将是25公里；如果将壁画上的这些人物集合起来，那就是数以千万计的飞天伎乐人马大队；加上城郭、桥梁、楼台、宫殿、塔寺、庙舍……数不尽大千世界的形形色色。这样说来，莫高窟真堪称世界上第一大画廊了！

莫高窟像健美的巨人一样横卧在三危山前，披露于一片黄沙荒漠之中。一千多年来，它经磨历劫，历尽沧桑。就在我到达敦煌不久的几天内，石窟就发生了几次坍方。日积月累，年湮代远，沙土几乎把所有的洞窟都填满了，人根本无法进去。南区石窟群中段下层洞窟密度最大的一段，有多少宝窟都被流沙吞没。除了自然的破坏之外，还有人为的毁损。如同治年间花门变起，遂将佛龛半付灰烬，令人有不忍目睹之状！加之当地的和外来的一些无业流民及到南山盗金沙的过客，也常出没于洞窟之中，有时夜晚就宿在窟内，生火煮饭烧水，把石窟熏得黑乎乎的。一些国民党反动官员为了讨好洋人，也时常在白天或夜间劫运窟内文物。当地一些老百姓，又常将牲畜关在洞窟之中……看到这些情景，我心中酸痛难忍。深夜躺在床上，经常辗转难寐。大概过了午夜，我仿佛听到一阵雷鸣般的巨响，好几个石窟都坍了。这时，我惊醒了，睁眼一看，戈壁滩上月明如洗，这才意识到自己做了一场噩梦。

当时我们是由国民党教育部派遣到敦煌去办所谓"敦煌研究所"的，但那时的官僚根本不知道什么叫保护和维修文物，对于眼前千疮百孔的断壁残垣视若无睹！我们不能眼看这些祖国的珍宝就这样任人破坏，于是苦思焦虑，决心用生命和热血来保卫它们。为了能使敦煌洞窟内的这些丰富宝藏世代流传下去，当务之急是要防止它继续受到人为的破坏。我们感到必须立即修建一堵高2米、长4华里的土墙，将全部石窟群围在里面。当时敦煌的一个叫陈邦启的县长听我向他讲了这个计划后，不禁哈哈大笑说："教授先生，你真是一个书呆子，今天我们不是在湖北（县长是湖北人），或者在你们浙江；我们是在敦煌！这里到处是沙，叫我到哪里去弄土呀！没有土，又叫我怎么筑起这么长的一堵高墙！修筑这土墙，在戈壁沙漠中真要比秦始皇修万里长城还要难呢！"陈邦启的话使我惘然若失。是啊，在这茫茫无际的沙海里，别说筑墙了，就是买一支画笔一张纸都很难呵！

我们在愁苦中又度过了一些时日，到了农历四月初八，迎来了千佛洞一年一度的庙会。那天，千佛洞来了一批又一批的小贩、香客、游人和老乡。车水马龙，一派节日气象。忽然，我在人群中发现，有两家饭馆的伙计，正在用沙土筑一堵小围墙，作为做买卖的临时小店。于是，我站在一旁，仔细地观察着他们的动作。我问打墙的老乡："用这样的办法是否可以在千佛洞周围打起一堵围墙来？"他们回答说是可以的，因为千佛洞的水含碱量很大，夯实了，是可以做墙的。听了老乡的话，又加上亲眼所见，我高兴极了。当天我就把自己的见闻赶去告诉了那位"县太爷"，并严厉地对他说，如果他不帮助我解决，千佛洞再受到破坏，他就要负全部责任。在我的一再要求和他怕负责任的情况下，他才勉强答应下来。但由于围墙太高，光挖沙、夯墙，就要花二万七千工，以每天三百人计算，要三个月才能完成。三百个人的伙食怎么办？材料和工钱又哪里来？没有办法，我们只得退一步，把石窟群北区的围墙省略，先将南区石窟集中的地方，修筑一条一千米长的围墙。但即使这样，也要耗费一笔巨大的开支，单靠我们的力量是办不到的。我们一再发电报给国民党教育部，请他们拨一笔款子来。电报发出，却如石沉大海。

到了六月的天气了，石窟的破坏一天比一天严重，特别是那些进山挖金沙发洋财的冒险家，与当地土豪劣绅、官僚密切勾结，大肆地在洞窟内进行破坏和偷盗。而我们仅有的六个人，在这长达四华里的石窟群范围内，根本不可能日夜监守。我们越来越感到：修筑围墙的事是刻不容缓了。

我又到了县城，去找了那位"县太爷"。还未等我开口，他就说："部里不汇钱来怎么办？不过，敝人有个解决的办法……"我们已到了走投无路的地步，只得由他摆布了。

大约过了十天，"县太爷"派了一个科长和一个科员以及几名警察来到了千佛洞。随即又运来了粮食和柴草，一百多个民工也先后到达了。就这样，我们日夜盼望的"万里长城"开始动工了。依靠民工们起早摸黑不停地劳动，不到五十天围墙就快完成了。在最后几天里，我发现有民工逃跑的事情发生。我问了其中的一个，才知道这次修千佛洞围墙，是这位县长在农村中派的公差。劳动力、粮食、柴草以及运输的车马都是由各乡承担的。乡村收成不好，派工的农民又很贫苦，带的粮食少，吃不饱，又要出大力，实在吃不消，才跑回家去的。我没有想到县长会做出这种把保护千佛洞的担子压在贫苦农民身上的把戏。气愤之下，第二天便赶进城去责问他。最后我要他把为修围墙所摊派的民工姓名、住址都开一个清单来，让我负责归还他们。这笔修筑围墙的账，过了好长时间，才由我从重庆取来钱，发给了每一个参加劳动的民工。

这条长达一千米的"长城"，从那以后，在一定程度上起着保护洞窟的作用。这是敦煌县劳动人民为保护千佛洞——不，为保卫祖国的艺术宝库——而贡献的一分力量！

出版后记

　　汇聚名家名作、传承人文思想是湖南文艺出版社的传统。2017年，闻悉常书鸿先生毕生著作正在整理当中，经陈志明先生引荐，我社与常沙娜教授取得联系，并达成出版《常书鸿全集》的共识。随后，在诸多师友和研究机构的关心和支持下，《常书鸿全集》列入"十三五"国家重点图书出版规划项目。五年过去，全集文字部分几经补录、修订，图片不断梳理、甄别并扩容，十卷逐一成形，终于迎来付梓问世的时刻。

　　这套全集完整呈现常书鸿先生在敦煌学领域的非凡成就、在绘画艺术中的远见卓识，以及他饱含爱国热情、久经戈壁风霜的传奇人生。为方便读者领略常先生多种成果，查阅常先生各类作品，全集以文章所涉题材和体裁为分卷标准，分为如下十卷：卷一《敦煌莫高窟艺术》收录常先生关于敦煌莫高窟艺术的概述性文字，介绍其源流、内容和特点等；卷二《敦煌壁画漫谈》收录其关于敦煌莫高窟壁画、图案等的论著；卷三《敦煌彩塑纵论》收录其简述、研究敦煌彩塑时代特征和艺术成就等方面的文章；卷四《新疆石窟艺术》收录其对新疆石窟实地调查而写成的完整著作，介绍古龟兹国、古焉耆国和古高昌国这三个地区的石窟分布、创造年代和艺术特点；卷五《敦煌的光彩——常书鸿、池田大作对谈录》收录其与日本知名学者池田大作对谈的内容，涉及敦煌艺术和文化交流；卷六《敦煌，敦煌——常书鸿自传》收录其个人自传、大事年表和著述简表；卷七《从希腊到中国》收录其不同时期的译著、译作，主体内容为常先生受郑振铎委托，翻译的法国历史学家格鲁塞关于中西方文明的文化随笔集；卷八《真与美散记》收录其散文、艺术评论、书信等；卷九、卷十分别为《常书鸿画集》的上下册，上册收录其油画作品，下册收录其水彩、水粉作品，临摹作品和素描作品。为清晰再现常先生艺术成长、学术成就之路，各卷图文主要以发表、创作时间的先后排序。可以说，这套全集基本覆盖了常先生一生著述的各个方面。

需要说明的是，全集在编辑过程中，充分尊重常先生作品的本来面貌，相关文字尽可能参照敦煌研究院 2004 年所编的《常书鸿文集》，但由于汉语的发展、知识的更新，此套全集依据现行的出版规范，对相关内容进行了如下处理：（一）对错字、漏字、古字、异体字等进行订正;(二)对个别不准确的史实和表述,以"编者注"的形式予以辅助说明。

回望全集的出版过程,起步艰难,途中曲折,其间冷暖,难以言说。是常书鸿先生奔赴敦煌的决心,召唤我们排除万难、全力前行;是常先生坚守大漠的韧性,勉励我们埋首书堆、耕耘至今。这一路,我们始终被"敦煌守护神"的精神所滋养,也被诸多关心敦煌学成果整理的机构、人士所感动——饶宗颐先生、樊锦诗院长、柴剑虹先生百忙之中多次给予专业指导,常沙娜教授九十高龄仍为推动全集出版不遗余力,赵声良书记及敦煌研究院倾力支持画集编选、正文配图,霍旭初先生和新疆维吾尔自治区克孜尔石窟研究所为卷四提供大量照片,陈志明先生多年来持续发掘常书鸿尘封之作……另有许多无声或有形的扶助,因篇幅所限,无法一一致谢,敬请谅解。我们对诸位的诚挚谢意,已融入十卷书中,深沉,长久。

对于全集的编校工作,我们虽尽了最大的努力,但限于学识,难免存在疏漏、差错,恳请广大读者批评指正。

《常书鸿全集》项目组

2022 年 1 月